Jèm Di vi`n

Nati Bondye Desten Lèzòm

Otè
ISAAC PITRE

Tradiktè
JEANIE ROSE AUGUSTIN

iUniverse, Inc.
Bloomington

JÈM DIVI`N
Nati Bondye Desten Lèzòm

iUniverse books may be ordered through booksellers or by contacting:

iUniverse
1663 Liberty Drive
Bloomington, IN 47403
www.iuniverse.com
1-800-Authors (1-800-288-4677)

ISBN: 978-1-4620-1148-3 (sc)
ISBN: 978-1-4620-1149-0 (ebk)

Printed in the United States of America

iUniverse rev. date: 05/26/2011

TABLO MATYÈ

ENTWODIKSYON

Mwen reyèlman kontan ke-w chwazi li liv sa. Liv la pale de de nati Ke lezom pwosede: yon kò natirel ou fizik e yon espri sinatirèl ou esprityèl, ki soti nan Bondye. Anplis, liv la kouvri, de nati ke lèzòm pwosede: yon nati natirèl e yon nati sipènatirèl, ki soti nan BOndye. Antanke Kretyen ki fèt de nouvo, ou pwosede yon kalite espesyal ki transfòme-w nan imaj Bondye, sa se nati Sipènatirèl la. E se baz santral liv sa.

Kreyatè-a, mete yon pati Divi`n oubyen sipènatirèl nan ou; e lè pati sa a kòmanse travay nan lavi-w, pa gen oken limit ou pa ka rive. Li ka transfòme emosyon-w, li ka reveye sèvo-w, e li ka prepare-w pou-w fè travay Bondye vle pou-w fè sou tè-a.

Ou va twouve repons pou kesyon sa yo:

- Kòman nou te fè fèt e pouki rezon Bondye te kreye nou sou tè-a?

- Èske latè te detwi avan Jaden Eden te detwi?

- Ki rezanblans ki genyen lè satan te chite avèk lè Adan te chite?

- Kisa ki separe limanite ak divinite?

- Ki wòl Jezi te jwe pou restore Jèm Divin nan?

- Kòman twa madichon Bondye te pwononse nan Jaden Eden yo afekte nou?

- Kòman pou nou fè pote viktwa sou lachè, sou kò-a?

- Kisa Bondye di sou zafè richès avèk byen materyèl?

- Ki pozisyon nou, nan zafè Wayòm Bondye-a sou tè-a, e pou ki rezon pozisyon nou enpòtan?

- Kòman pou nou viv kòmsi se nan syèl la nou ap viv?

- Pouki rezon Kris ban nou kle wayòm nan?

- Kòman pou nou pran eritaj nou sou tè-a tankou pitit wa?

- Èske nou gen pouvwa pou nou gouvène e pran otorite nou sou tè-a?

Pandan ke nou ap diskite sou kesyon sa yo, an nou wè kòman ke lè-w resevwa Kris, ou vin jwenn yon dwa, pou-w pwosede tout bagay sa yo, e ke tout lavi-w ap chanje nèt ale.

Sa se Jèm Divi`n nan.

Isaac Pitre

PARTI EN

DIVINITÉ

Chapit en

Rezon Pou Divinite a

Sa w'ap li la se pa blag ni se pa kont. Sa se verite ki soti nan pawòl Bondye, e k'ap ba ou repons pou kesyon anpil moun ap poze depi nan tan lontan:

- Poukisa Bondye mete lòm sou tè sa?
- Ki plan e ki entasyon Bondye pou lavi nou?
- Kòman lòm te fè fèt?

Aprè ou fini li liv sa, petèt w'ap genyen lòt kesyon toujou, pa egzanp: "Kisa ki Jèm Divi`n nan?". Èske se yon kalite nou fèt avèk li? Oubyen yon kalite nou vin genyen pandan n'ap viv sou tè-a.? Kisa li ye menm?

Wa jwenn repons kesyon sa yo nan Sòm 8:1-6...

Seyè, Mèt nou, se toupatou sou latè yo rekonèt jan ou gen pouvwa! Pouvwa ou monte pi wo pase syèl la! Ou fè timoun piti ak tibebe nan tete chante jan ou gen fòs, pou ou koresponn ak moun ki pa vle wè-w yo, pou-w fèmen bouch

3

lènmi-w yo ak moun k'ap kenbe tèt avèk ou yo. Lè m'ap gade syèl la ou fè ak men-w lan, lalin lan ak zetwal yo ou mete ladan li, m'ap mande: -Kisa lèzòm ye pou ou chonje yo konsa? Kisa yo ye menm, pou ou pran ka yo konsa? Ou fè yo yon ti kras pi piti pase-w. Bondye, Papa-m, tankou yon kouwòn sou tèt nou, ou ba nou pouvwa ak respè. Ou mete nou pou nou donmine sou tou sa ou fè, ou mete tout bagay anba pye nou.

Jèm Divi`n-an kòmanse epi mare avèk twa verite:

- Premyèman: Bondye kreye lòm yon ti kras pi piti pase zanj yo. Sa se DIVINITE.
- Dezyèmman: Bondye bay lòm pouvwa ak respè. Sa se DINYITE.
- Twazyèmman: Bondye mete lòm pou yo domine sou tout bagay. Sa se OTORITE.

PWOBLÈM NAN REZOUD

Alò kisa Divinite-a ye? Se yon kalite Bondye pwosede e ou pwosede tou, ki fè-w divi`n.

**Depi nan kòmansman an,
lòm te toujou ap chèche konnen
pou ki rezon lèzòm egziste**

Salmis David tou, te bezwen konnen rezon ki fè nou sou tè sa. Nan liv Sòm yo, nou wè kòman David te swaf pou l' jwenn repons sa. Pandan l'ap imajine, Bondye ki kreye lalin lan, zetwal yo, syèl la avèk men li, David mande, "Kisa moun ye pou Bondye sonje nou?"

David te swaf pou dekouvri rezon ki kòz Bondye te enterese nan lòm. Pou nou dekouvri mystè sa. Ann ouvri

Bib nou nan Jenèz chapit en, kote Moyiz pale de Bondye Tou-Pisan-an. Avan ou ale nan Jenèz premye, ann ale wè Jenèz zewo – ki di yon sèl mo: Bondye.

Poukisa? Paske se nan Bondye tout bagay kòmanse. Tanpri eseye konprann sa, Bondye pat' kòmanse. Bondye pa gen kòmansman ni finisman; Li se Li. Tout bagay ki egziste soti nan Li.

Sa nou li nan premye chapit nan Bib la, se pa kòmansman-an, paske tè-a te deja egziste nan epòk sa, se gade n'ap gade kòman tè-a te detwi.

Ou ka panse nan tèt ou, "kòman sa fè posib? Pou tè-a fini, avan li kòmanse?"

Ann al wè sa pawòl Bondye di. Li bay repons "kisa moun ye?" e poukisa Bondye kreye nou.

Bib la di, "nan kòmansman an, Bondye kreye syèl la ak tè-a" (Jenèz 1:1). Bondye te kreye premye mond lan menm jan avèk li, pafèt, klere tankou reyon lumyè, radiye.

Bondye pat' kreye tè-a tankou yon vye tè ki abandone, ki san espwa tankou lavi kèk moun jodia. Men, okontrè, Li te kreye latè gloriye tankou syèl la.

Bondye te toujou anvi pou volonte li fèt sou tè-a tankou nan syèl la (Matye 6:10). Syèl la ak tè ya te sipoze dakò –paske toude te fèt nan grandè ak glwa Bondye.

ZANJ YO CHITE

Yon katastròf te pase sou tè-a, ki detwi tè-a, ki rann "Latè te pèdi fòm, li te vid" (Jenèz 1:2).

Poutan, avan Bondye te fè lòm, kreye limyè ak tout lòt bagay, Bib la pale ke Lucifè te Chite e Bondye voye l' jete sou tè-a. Nan Ezekyèl 28:14-15, nou aprann ke Lucifè se te yon cheriben li te ye...

Se sou mòn ki apa pou mwen an ou te rete. Ou mache nan mitan gwo dife. Depi jou Bondye kreye ou la, ou pa t' fè anyen pou yo te repwòche-w, jouk jou ou kòmanse fè sa ki mal.

Satan te fèt nan yon mond ki kontrè ak mond n'ap viv jodia, li te fèt nan yon mond ki reprezante onè ak mèvèy Bondye. Se te yon zanj mizikal li te ye. Se li menm ki te antèt vye mizik nan syèl la. Labib di nou: achak fwa Bondye soufle, Lucifè te jye mizik. Men kisa Seyè –a di li, pou repwoche li:

Ou t'ap viv nan jaden Edenn lan, jaden Bondye a. Ou te mete tout kalite bèl piè koute chè sou ou: ribi, topaz, dyaman, krizolit, oniks, jasp, safi, malachi, emwòd. Tout bèl bijou ki te sou ou yo te fèt an lò. Se jou Bondye t'ap kreye ou la, li te fè pare yo pou ou (Ezekyèl 28).

Anvi avèk anbisyon monte nan tèt Dyab la

Ezayi 14, fè nou konnen, kisa ke Lucifê t'ap panse nan kè li, ki kòz Bondye te voye l' jete: *Ou t'ap di nan kè ou: M'ap monte rive jouk nan syèl la. Mwen pral mete fotèy mwen pi wo pase zetwal Bondye yo. Mwen pral chita tankou yon wa nan nò, sou tèt mòn Randevou a. Mwen pral monte sou tèt nwaj yo. M'ap tankou Bondye ki gen tout pouvwa a.* Se paske satan te gen lògèy, se arogans li ki lakòz Bondye te voye l' jete.

Lè Lucifè, zanj ki te sakre-a, t'ap fè tout panse sa yo, se pat' avèk bouch li li t'ap pale byen fò, men se te nan kè l' li te fè panse sa yo. Men, paske Bondye konnen tout bagay; touswit, Bondye te chase l' epi ezile l' sou tè-a. Akoz mechanste li te genyen nan kè li, li vin ap viv sou tè-a *(vesè 13-14).*

Me kisa Seyè-a di ki gen pou rive, koulye ya, yo va desann ou nan peyi kote mò yo ye a, jouk anba nan twou san fon an! Sa se yon garanti pinisyon pou Lucifè.

LATÈ TOUTOUNI

Aprè Satan te fin tonbe sou tè-a, yon twoub total te eklate. Daprè premye chapit Jenèz la, tè-a te vin tankou yon teren abandone. Anplis, fènwa te kouvri toupatou. Sa te fèt avan Bondye te vin kreye moun ak tout lòt bagay yo.

Nou konnen se pa Bondye kite kreye fènwa, paske Bib la di nou, *"Bondye se limyè. Pa gen fènwa nan Bondye"* (1 jan 1:5).

Nan lang Ebre, *"Latè pat' gen fòm epi li te vid"* sa vle di ke tè-a te tout touni, yon kote ki pavo anyen, ki san lòd, ki tèt anba. Bondye pa t' kreye tè ya toutouni, sa sete rezilta prezans Dyab la.

BONDYE REKONSTWI LATÈ

Petèt ou mande, "Kisa sa gen pou wè avèk nou ki gen Jèm DIVI'N nan?"

Sa ede nou dekouvri e konprann pouki rezon Bondye te kreye lòm.

Kreyatè-a gade anba sou tè-a, li wè dezòd ki sou tè-a, li pran desizyon pou li reòganize epi refonde tè-a, pou mete latè fason li te ye avan-an.

Bondye separe Limyè ak fènwa, Li separe jou ak nwit. Li fè dlo yo desann sou kote. Tè sèk parèt, legim ak fwi pyebwa deklannche, e tout bagay vin kòmanse grandi, yo kopye sou tèt yo. Vin gen lòd, vin gen antant sou tè-a. Zwazo yo vole, pwason yo naje, zetwal yo klere, Lalin nan leve leswa, solèy la gouvène nan jou yo. Mond lan te beni, li te menm jan l' te ye avan an, fason Senyè-a te pase l' lòd pou l' te ye-a.

Aprè sa, avèk tout bon konprann Li, Bondye mete tout bagay nan lòd, menm jan yo te ye avan an: mèvèye, gloriye, e majeste. Bondye di, "Kòman pou m' fè, pou tout bagay ka rete nan plas yo. Kòman pou m' fè, pou Satan pa fè dezòd li te fè ya ankò?"

Avèk bon panse sa yo nan tèt Li, Bondye rete nan syèl la, Li t'ap imajine Lucifè vilen-an, k'ap fè dega nan wayòm Bondye-a, sou tè-a.

Kreyatè-a mande, "Kòman pou-m fè asire ke pwoblèm sa-a p'ap rive ankò?"

Solusyon Pou Pwoblèm nan

Bondye twouve yon solisyon pou pwoblèm, toumant, ak dezòd prezans Satan te mennen sou tè-a. Li di: "An nou fè lòm" (Jenèz 1:26).

Glwa a Dye!

Lèzòm sete solisyon pou tout pwoblèm, boulvès, ak traka ke Satan te mennen sou tè-a. Bondye mete lòm sou tè-a, pou gouvène, pou kenbe tout bagay nan lòd, bèl, mèvèye, epi an grandè. Bib la note Ke, *"Bondye di. An nou fè moun. N'ap fè l' pòtre ak nou, pou li sanble ak nou. La gen pouvwa sou pwason ki nan lanmè yo, sou zwazo ki nan syèl la, sou tout bèt yo gade, sou tout latè, sou tout bèt nan bwa, sou tout bèt ki trennen sou vant yo, k'ap viv sou tè a"* (Jenèz 1:26).

Non sèlman Bondye Papa nou ki nan syèl la pran desizyon pou Li kreye moun; men, Li bay lòm pouvwa – pou nou gouvène, epi pou nou siveye tè a.

Poukisa li enpòtan pou gen moun k'ap gouvène, veye, epi kontwole? Pouke ènmi-an k'ap viv sou tè-a, pa gen pouvwa ankò, pou li detwi sa Bondye te kreye yo.

Yonn nan rezon ki fè w'ap viv, se pou Bondye ka pini Satan, paske l' te fè rebèl kont Bondye. Nou bezwen konnen sa, ke lè Satan te tonbe soti nan syèl la, li te kontan anpil, paske sou tè-a, li pa-t' gen moun k'ap gouvène sou tèt li. Li pa-t' anba pouvwa Bondye ankò. Se te rèv Dyab la, pou l' te yon dye, pou pèsòn pat' sou tèt li. Se anvi sa yo ki kòz satan te pèdi plas li nan syèl la. Bondye di, "Pa gen lòt tankou-m" – epi li voye Satan anba.

Nan nouvo abitasyon li sou tè-a, Satan te kòmanse wayòm li, lalwa li, epi twòn li. Gouvènman Dyab la te kreye dezas ak dezòd sou tè-a. Satan te gen pouvwa, se li ki t'ap gouvène.

BONDYE VOYE CHÈF

Se la Bondye pran desizyon pou li rekonstwi latè. Li te prè pou kreye lòm, epi pou L' ba yo pouvwa pou yo gouvène sou tè-a, menm jan Bondye ap gouvène nan syèl la.

Yon fwa ankò, Lucifè te pèdi pozisyon li, li vin genyen chèf sou tèt li ankò – li vin oblije desann li. Fwa sa-a, se pa Bondye ki te chèf sou tèt Dyab, se te Adan ak Ev ki te vin chèf sou Li.

Sa se verite, Bondye Tou-Pisan an, avèti Dyab la, "Mwen pral mare-w nan yon relasyon avèk lòm, e se lòm ki pral gouvène w. Non sèlman w'ap oblije sèvi Mwen; men konye-a w'ap oblije sèvi lòm tou. W'ap anba pouvwa ak otorite lèzòm!"

Lucifè pa-t' ka echape. Li kite syèl la.
Malgre sa, Li p'ap chèf sou tè ya
Ap kontinye gen chèf sou tèt li sou tè-a.

Nou ka prèske tande vwa Dyab la k'ap gronde, k'ap rele kriye, lè Bondye te di, "an nou fè moun nan imaj nou, menm jan avèk nou." Pou gouvène sou tèt dyab la.

Prensip sa yo fè nou konnen ki moun epi kisa lòm ye – pou Bondye ka manifeste prezans li nan nou. Anplis, nou te fèt sou imaj Bondye – sa montre nou gen anpil enpòtans pou Bondye – menm jan avèk Jezi Kris, ki se Bondye – nou dwe sèvi avèk pouvwa, ak otorite pou nou dirije sou tè ya.

Sa reponn kesyon pouki rezon Bondye kreye lòm. Non sèlman pou montre imaj kreyatè-a, men pou reprezante Bondye sou tè-a.

"Reprezante" se yon mo ki gen de mo ladan l'. Yon konbinazon de "Re" kise yon bagay ki te konn fè deja epi "prezante" ki montre yon bagay. Se sa lòm bezwen fè sou tè-a.

Lè Adan te fèt nou wè Bondye te parèt sou tè-a ankò. Premye moun ki t'ap viv sou tè-a, te montre imaj Bondye.

Konye-a ou konnen poukisa rezon Bondye te kreye lòm, an nou gade kòman Bondye te kreye lòm. Se la ou kòmanse dekouvri kisa Jèm Divi`n nan ye.

Chapit De

Kòman Nou fè Divi`n

Labib dekri kòman Kreyatè-a lonje men l' nan tè-a, li pran pousyè tè pou fè lòm. Konprann sa byen, lòm se pa pousyè, toutotan n'ap viv sou tè-a nou enpòtan. Men, nou pa ka bliye sa, se avèk materyèl sa (pousyè tè) Bondye te sèvi pou li fè moun.

Gen kèk moun ki eseye konpare koulè tè a ak koulè moun – pousyè blan, pousyè maron, pousyè jòn, pousyè rouj, pousyè nwa. Pa gen yon pousyè ki pi espesyal pase yon lòt pousyè.

Nou tout soti nan yon sèl zansèt (Adan ak Ev) – pa gen yon moun ki pi siperyè pase yon lòt. Men, paske tè-a fèt avèk materyèl, Bondye sèvi avèk materyèl pou l' fè moun.

Aprè, Bondye pran kò pousyè-a, li soufle souf li sou li, Li ba li lavi. La menm, lòm vin yon nanm vivan.

DIVINITE NAN LIMANITE

Kèl mèvèy! Yon boultè, vin tounen yon moun, k'ap mache, k'ap pale. Bondye fin fè lòm Li mete yo sou tè-a pou yo gouvène. Espri Bondye ki andedan boultè-a, vin ba li enpòtans. Lòm vin ka panse, mache, pale – tout enspirasyon Bondye te soufle sou yo vin manifeste touswit.

Sa pwouve ke gen yon pati nan lòm ki divi`n:

- Limanite se pati nan lòm ki fèt ak tè-a: se kò a.

- Divinite se pati nan lòm ki soti nan Bondye-a: se espri —a.

BONDYE KOUWÒNE LÒM

Konsidere sa David di-a ankò. Li mande nan Sòm 8, *Lè m'ap gade syèl la ou fè ak men-w, lalin lan, zetwal yo, ou mete ladan li, m'ap mande: -Kisa lèzòm ye, pou ou sonje yo konsa? Kisa yo ye menm, pou ou pran ka yo konsa?* (vèsè 3,4).

Nan tout kreyati Bondye yo, se lòm ki pi enpòtan, paske se lòm Bondye mete yon pati nan Li sou nou.

Lè nou pote siksè, Bondye pote siksè, paske nou te fèt nan imaj Bondye

Tout bagay nou wè, lalin nan, solèy la, zetwal yo, vale yo, rivyè yo, pyebwa yo, flè yo – yo tout soti nan sèvo Bondye. Men, lè-w gade lòm, ou wè yon imaj enpòtan, yon kreyati ki pa-t' sèlman leve; men se yon kreyati ke

Bondye fè avèk men l'. Bondye mete lespri li nan nou! Se sa ki separe nou de lòt kreyati Bondye yo.

Nou se sèvo Bondye sou tè-a, pran plas ou sou tè-a, domine sou li, jan Bondye t'ap fè.

Sòm 8:5 pale de kòman Bondye kreye nou *"yon ti kras pi piti pase zanj yo."* Nan liv Ebre, mo zanj lan siyifi – Eloyim, ki se menm non yo itilize pou Bondye. Sa vle di, Bondye kreye lòm yon ti kras pi piti pase tèt li.

Nou vin konprann ke Bondye kreye lòm divin, nou pwosede nati Bondye genyen. Nou pa Bondye, men nou fèt nan imaj Bondye e nan fason Bondye ye.

Patisipan Nan Divinite-a

Lè Bib la di Bondye soufle souf li sou Adan an, sa vle di Li mete lespri li sou li, l'ap viv andedan l; – sa vle di lòm gen pouvwa pou yo fè travay Bondye ka fè.

Nou jwenn plis enfòmasyon sou sa, nan liv Nouvo Testaman yo. Apot Pyè ekri, nan 2 Pyè, *"Pouvwa Bondye a ban nou tou sa nou bezwen pou nou ka viv, pou nou ka sèvi li. Li fè nou konnen moun ki te rele nou an, lè li te fè nou wè pouvwa li ak bèl bagay li yo. Se konsa, Bondye ban nou pwomès li yo ki gwo anpil, ki gen anpil valè, pou nou kapab patisipe nan sa Bondye ye a, pou nou kapab chape anba koripsyon ki nan lemonn, akòz move lanvi ki nan kè moun"* (vèsè 3,4).

> *Se te toujou plan Bondye,*
> *pou nou te tankou l'.*
> *Se pou rezon sa-a menm*
> *Bondye te kreye nou.*

Malerezman, gen anpil moun ki pa pran otorite yo sou tè-a, paske yo pa ka wè tèt yo jan Bondye wè yo. Divi`n vle di, kalite Bondye pwosede. Nou mete pati divi`n ki nan nou an dekote, nou sèvi avèk pati imanite-a, ki fèt ak tè. Nou vin ap viv anba bon kalite Bondye te ban nou an. Nou pa pran tout benefis nou genyen sou tè-a.

ATRAPE SOUF BONDYE

An nou gade an detay kalite Bondye.

Nou deja wè sa, Adan te fèt nan imaj Bondye, e Adan gen nati Bondye. Adan pa t' bezwen yon Bib, ni lekòl Dimanch pou aprann li. Li pa t' janm al lekòl pou li aprann. Nati Bondye te nan Adan, Adan te konn fè tout bagay, paske lespri Bondye te sou li.

Lè Bondye te soufle souf li sou ou, Ou vin gen tout otorite li sou ou

Mwen kwè sa, lè nou kòmanse mache an akò avèk Bondye, fason Li te chwazi pou nou fè-a, n'a vin resevwa yon Jèm Divi`n, yonn ke ou p'ap ka janm jwenn nan yon sèvis legliz. E lavi-w ap chanje. Nou konnen daprè Ekri-a, lè Bondye avèk Adan t'ap viv ansanm, yo te gen yon relasyon divi`n antre yo, tout bagay te mache byen.

DE KALITE KI SE MENM

Souvan mwen tande moun di, ke Bondye te kreye lòm pou ba Li glwa. Pandan ke sa se verite, men, Bondye te kreye moun pou yon rezon ki pi gwo, se pou nou te ka yon konpanyon pou Li, pou nou ka asosye avèk Kreyatè-a.

Sepandan, pou gen yon relasyon fòk gen rezanblans, fòk gen antant, e fòk nou tou de dakò. Rasin mo relasyon an vle di, gen yon lyen antre de moun. Pou gen yon lyen antre de moun, fòk gen yon rezanblans. Pa egzanp, mwen pa kapab gen yon vrè lyen avèk yon chyen, oubyen yon chat; paske genyen twòp diferans antre nou.

Pat' gen yon gran diferans ant Bondye avèk Adan, paske Adan te fèt sou imaj Bondye. Nou jwenn yo t'ap pale, yo t'ap mache nan "frechè-a" ansanm (Jenèz 3:8).

Nan lang Ebre, "frechè-a" gen menm siyifikasyon avèk mo, "van" oubyen "souf" – ke Bondye te soufle sou Adan an. Sa vle di, yo toude te konn pale yon espri a yon lòt espri. Yo te nan yon nivo, kote yo te ka pale yonn ak lòt, se fason sa-a, Adan te ka pale avèk Bondye.

Vizyon Dyab La

Malerezman, nou konnen malè kite rive pou lòm, lè pi gwo ènmi Bondye-a, Lucifè te parèt nan Jaden Eden sou fòm yon koulèv, epi twonpe Adan ak Èv. Li te gen yon sèl plan nan tèt li: pou fè lòm tonbe, pou yo pat' sanble ak Bondye ankò. Pouli te kapab vin gouvène sou tè-a ankò, san ke pa gen chèf sou tèt li.

Plan dyab la te travay, se pou l' te pran atansyon Adan, fè l' peche, lè-l fin peche, li tou demisyone, li tou pèdi twòn-an. Plan Dyab la te travay.

Satan te konnen sa,
imedyatman ke Adan peche
Li t'ap tou pèdi pozisyon li.

Lè Adan aksepte konplo Dyab la, non sèlman l' te pèdi otorite li sou tè-a, li tou pèdi divinite li (kalite ki fè l' te sanble ak Bondye-a).

Konye-a, Lè Bondye vin mache nan jaden an, Li rele Adan, *"Ki kote-w ye?"* (Jenèz 3:9).

Se si, Bondye te byen konnen kote Adan te ye. Men akòz transgresyon-an (akòz yo vyole kòmandman Bondye-a), lespri yo pat' gen rapò avèk Lespri Bondye. Adan pa t' ka parèt devan Bondye, paske l' pat' nan nivo Bondye te vle pou li mache-a. Pat' gen antant, se pou rezon sa, Bondye mande l' kote-l' te ye.

POURITI TONBE

Adan te toujou gen yon kò ak yon nanm; men l' te pèdi divinite l' (nati Bondye-a), li te vin yon lòm tousenp, san pouvwa, san otorite. Li te kontinye gen yon lespri sou li, men l' pat' gen lespri Bondye-a ankò. Lespri li, Sèvo li, volonte li, santiman li te kontinye ap travay. Men, li te pèdi Jèm Divi'n ki soti nan Bondye-a.

Alò nati Bondye-a te pèdi nan epòk sa, se nati Adan-an ki vin ap fonksyone. Moun ki fèt sou tè-a, pat' gen nati Bondye-a sou yo, yo te fèt avèk nati Adan-an, moun te fèt avèk karaktè Adan. Moun kòmanse ap viv piba pase nati Bondye-a, moun vin pi enferyè ke yo te ye avan. Yo vin sanble ak Dyab la.

Menm jan avèk Lucifè, moun te kòmanse ap viv nan yon movèz eta, kote prezans Bondye pat' avèk yo. Yo pat' gen jèn Bondye-a nan yo. Chanjman kòmanse ap fè nan nati lòm, de jenerasyon-an-jenerasyon, lòm t'ap vin pi enferyè e pi mechan. Pitit Adan yo, vin pi enferyè pase l', pitit-pitit Adan yo vin pi mal toujou, valè lòm vin kòmanse ap desann. Lèzòm vin ap viv pi lyen Bondye. Pandan w'ap li liv Ansyen Testaman yo, ou ka wè kòman gason ak fanm vire do yo bay Kreyatè-a. Yo pat' pitit Bondye ankò.

Yon pitit, toujou pote jèm papa l'. Lòm pat' gen jèm Bondye-a ankò. Lòm te vin pèdi jèm Divi'n nan. Sa te lakòz: moun ap touye moun, vin gen lanvi, jalouzi, pèrèz, kolè, rayisans, vyòl, yon moun ap fèt yon lòt abi, yon moun ap vyole yon lòt, vin gen anpil mechanste sou tè ya.

Prezans Bondye Retounen

An nou avanse mil-ane devan, mil ane kise prèske karant jenerasyon moun. Bondye te fè yon nouvo plan pou Li retounen mete nati Li nan lòm ankò. Chak fwa mwen panse de sa, mwen kriye, Aleluya!

Bib lan deklare, ke Jezi-Kris – pitit ki pote jèm papa-a – vin fèt sou tè-a tankou yon ti moun, pou li ka mennen jèn Bondye-a retounen sou lòm ankò.

Jezi pat' sèlman vini pou fè nou echape lanfè, e pou mennen nou nan syèl la: men li te desann sou tè-a, pou mete nati Bondye andedan nou ankò.

Poukisa? Pou nou ka gouvène sou tè-a, tankou Bondye ap gouvène nan syèl la: anplis, pou Li repare relasyon nou ak Tou-Pisan-an – lè li mete lespri Bondye sou nou – nou vin vrè reprezantan Bondye sou tè-a.

Pi Gwo Echanj La

Mwen kwè nou tout konnen istwa bwa kalvè-a, nou p'ap pale anpil sou sa. Men, nou bezwen konprann sa. Lè Jezi te leve soti nan tonbo-a, li te pote viktwa sou lanmò.

Lè Jezi te mouri, Lespri l' te toujou kontinye ap viv. Bib la fè nou konnen ke Jezi pote fado nou yo sou tèt li, lè Li te monte sou kwa-a nan nati pechè yo – kise nati Adan an.

Sa ki te fèt sou bwa kalvè-a, se pi gwo echanj ki te ka fèt.

> *Kris, ki te gen Nati Divi`n nan,*
> *retire l' epi pou li mete nati nou an,*
> *lòm chanèl, nati Adan an,*
> *malgre li pat' janm fè peche.*

Jezi pote lanmò sou kwa-a, avèk tout mechanste li genyen, epi separasyon ak Bondye. Papa-a te oblije vire do l' bay pitit la, paske pat' gen moun kite kapab kanpe devan Bondye avèk nati peche-a. Se sèl Jezi Kris, paske l' pat' janm fè peche.

Ekriti-a di ke, Kris pote, *"peche nou sou kò l' sou kwa-a, pou nou, ki mouri nan peche, ka viv jis."* Devan Bondye (1 Pyè 2:24).

Lavi Bondye Ofri-a

Pitit Bondye-a pat' peche, men li pran peche nou yo sou bwa kalvè-a. Li mouri tankou yon moun ki te peche, li vin ka rantre nan lanfè ki te pou nou pechè yo (Liv Apòt Yo 2:31). Men, nan twazyèm jou-a, Bondye te satisfè ke pri nati peche ya te peye, e Jezi – nan mitan lanfè – resevwa jèm Divi`n nan ankò (nati Bondye-a) epi, li te vin premye pitit – ki te leve, soti anba lanmò, pou l' resevwa lavi.

Alò, si nou resevwa Jezi ak lafwa, nou resevwa otorite pou nou pote non pitit Bondye. Sa vin bay pawòl sa yon lòt sans: "Bondye sitèlman renmen lèzòm, li bay sèl Pitit li a pou yo. Tout moun ki va mete konfyans yo nan li, p'ap pèdi lavi yo. Okontrè, y'a gen lavi ki p'ap janm fini an" (Jan 3:16).

Mo "yon lavi ki p'ap janm fini-an" nan lang Grèk vle di Zoe – ki vle di "Menm lavi ak Bondye." Se pou rezon sa, Jezi te vini sou tè-a, tolere soufrans li te pran sou kwa-a.

Mirak ki fèt lè yon moun sove, se menm mirak sa-a ki te fèt pou Jezi sou kwa-a. Nou chanje nati Adan an, pou nou vin gen Lespri Bondye sou nou. Nou vin gen Jèm Divi`n nan.

Lè Bondye vin mete sou nou
Nati Li, karaktè Li, ak tanperanman Li
Nou vin konnen kòman pou nou mache avèk li
epi viv tankou l'.

Avèk mirak sa-a ki fèt la, nou menm ki te pèdi Jèm Divi`n Bondye-a, resevwa l' ankò pou nou ka kòmanse viv tankou Bondye sou tè-a. Sa se yon revelasyon mèvèye e se verite!

Mond Sipènatirèl La

Tanpri, pa panse paske ou gen nati Bondye, ou pral mache sou nyaj yo, oubyen ou ka disparèt nan mitan moun. Non, Bondye pat' fè-w tankou yon espri sèlman, alò li pa bezwen pou-w envizib, tankou zanj yo, oubyen vole tankou zeklè. Li bezwen pou kò-w travay sou tè-a. Li fè-w divi`n nan fòm lòm, paske li vle pou-w travay sou tè-a tankou tout lòt moun ki egziste.

Kite-m' eksplike sa nan fason sa-a: Bondye vle pou-w natirèl (sa se pati moun ou ye ya), men li pa vle pou-w rete natirèl sèlman, alò li ajoute "Sipè," sa se pati divi`n nan, pou-w ka sipè-natirèl. Tankou Bondye.

Akòz sa, nou ka fonksyone nan natirèl la e avèk kò fizik nou, men nou pa oblije viv sèlman avèk yo. Nou gen pati espirityèl la, tankou Bondye, pou nou ka tande lè Bondye pale avèk, nou e pou nou ka wè sitiyasyon yo jan Bondye wè yo – nou vin yon kreyati sipènatirèl.

PREZANS E EGZISTANS RENMEN

Pou-w konprann Jèm Divi`n Nan, w'ap bezwen konnen ki kalite moun Bondye ye.

Bib la ban nou repons sa, lè li di nan Galat chapit 5... *Men, Lespri Bondye a bay renmen, kè kontan, kè poze, pasyans, bon kè, seryozite, li fè ou gen bon manyè. Li fè ou aji ak dousè, li fè ou konn kontwole kò ou. Lalwa Moyiz la pa kont okenn nan bagay sa yo.*

Tout sa yo se diferan chwa de fwi lespri Bondye-a bay, olye se yonn sèl– avèk tout kalite sa yo, menm jan avèk yon zoranj ki gen anpil tranch, fwi Lespri Bondye a bay anpil diferan kalite.

Tout kalite ki site nan lis avan an, se fason nou montre nou gen yon sèl fwi – ki se renmen. Nati avèk Jèm Divi`n Bondye-a se renmen. Men, Li sanble se avèk li Kretyen gen plis difikilte. Poukisa? Paske, lè-w aprann renmen se pa yon bagay natirèl, ni emotyonèl. Sesi, gen emosyon ladan l', men vrè renmen se yon bagay espirityèl.

RENMEN PA YON OBJÈ

Lè ou editye ekriti yo, ou dekouvri ke renmen se pa yon "objè" renmen se yon "pèson." Bib la di, *"Bondye se renmen"* (1 Jan 4:8). E moun ki se renmen an, li mete jèm li nan ou.

**Atravè Sali-a,
Sa ki pou Bondye, vin pou nou,
Nou vin gen renmen nan nati nou.**

Ekriti-a eksplike nan 1 Korentyen chapit 13, *Moun ki gen renmen nan kè li: gen pasyans, li gen bon kè, li p'ap anvi wè lòt moun ap soufri. Li p'ap fè grandizè, li p'ap gonfle ak lògèy. Moun ki gen renmen nan kè li, p'ap fè anyen ki pou fè moun wont, li p'ap chache avantaj pa l', li p'ap fè kòlè, li p'ap kenbe moun nan kè. Moun ki gen renmen nan kè li, li p'ap pran plezi l' nan sa ki mal, li pran plezi l' nan sa ki vre. Moun ki gen renmen nan kè li, sipòte tout bagay: nan nenpòt ki sitiyasyon, li toujou gen konfyans nan Bondye, li p'ap janm pèdi espwa, l'ap toujou montre jan li gen pasyans.*

Sa se yon miwa de sa nou li nan Galat chapit 5 lan, li konfime verite-a, renmen se nati Divi'n Bondye papa nou ki nan syèl la:

- Bondye geri paske l' renmen.

- Bondye delivre paske l' renmen.

- Bondyc gidc paske l' renmen.

Akoz renmen ki p'ap janm fini-an
Ki fè Bondye anseye nou, repwoche nou,
enkouraje nou, e menm chatye nou.

Jou ke piti Bondye yo kòmanse renmen, fason Bondye renmen an, se plis pase yon chandèl k'ap klere leswa, oubyen yon bouke flè sou yon tab, n'ap wè bèl bagay ap fèt.

Yon Lide Tou Nèf

Lè nati Bondye-a vin nati nou, n'a vin panse tankou Bondye panse. Jezi di: "Men, m'ap ban nou yon kòmandman nouvo: Se pou nou yonn renmen lòt. Wi, se pou nou yonn renmen lòt, menm jan mwen renmen nou" (Jan 13:34). E li ajoute, *"Si nou yonn renmen lòt, lè sa a tout moun va konnen se disip mwen nou ye"* (Jan 13:35). Mesaj sa-a se pa yon mesaj ki twò popilè, moun pa fin renmen l', paske n'ap viv nan yon tan, kote Bib la di, *"Ap sitèlman gen mechanste sou tè ya, pifò moun, yonn p'ap renmen lòt"* (Matye 24:12).

Nan nati natirèl, eta chanèl nou yo, nou montre ke renmen pa enterese nou. Ankouraje lòt, aji byen ak lòt, pran pasyans, montre jantiyès, soufri youn pou lòt, oubyen kontwole tèt ou, bagay sa yo pa enterese nou. Men, pi gwo apèl pou moun kwè yo, se pou nou mache, epi sèvi tankou Jezi te fè, epi pou nou reprezante nati Divi`n Bondye-a sou tè-a.

Èske-w tande vwa Li lè L' pale avè-w?

Chapit twa

Ki Moun Ki Divi`n Nan

Nan premye de chapit yo, nou te gade poukisa e kòman nou divi`n nan, men jèm divi`n nan pa t' ka posib, si se pa san Jezi ki te koule ya.

Se paske Bondye gen yon nati divi`n, ki fè nou ka pwosede kalite sa-a. Nan Kris, nou gen yon relasyon avèk papa nou, ki pwouve ke nou se pitit Wa-a.

Jèm divi`n nan, pwouve ke nou gen san Wa-a k'ap koule nan venn nou. *"Si yon moun ap viv nan Kris, li vin yon lòt moun. Bagay lontan yo disparèt, se lòt bagay nèf ki pran plas yo koulye a"* (2 Korentyen 5:17).

Jèm Natirèl nou genyen an, vin pa gen enpòtans, paske Jèm Divi`n Bondye-a ranplase l' avèk san Jezi-Kris. Non sèlman, nou pral transfòme nan fason nou panse, men, nou vin yon moun nouvo – ki vle di, gen yon pati nan nou, ki chanje ki vin divi`n.

ECHAPE PASE AN

Lit ki genyen antre de nati sa yo, nati imèn nan avèk nati Bondye, fè kretyen toujou nan yon konba. Lit sa-a egziste paske li difisil pou nou chanje.

Avan nou te vin pitit Bondye, se nati imèn nan kite kontwole tout lavi nou. Alò:

Dèske nou gen yon chanjman ki fèt nan nou, san ki nan kò nou an chanje, nou vin eritye tout bagay ki nan wayòm Bondye-a.

"Lespri Bondye a bay lespri pa nou an asirans, se pitit Bondye nou ye. Si se pitit Bondye nou ye, nou gen pòsyon pa nou nan eritaj Bondye pwomèt pitit li yo, n'a resevwa pa nou ansanm ak Kris la, nan tout sa Bondye te sere pou Li. Paske, si nou soufri ansanm ak li, n'a resevwa lwanj nan men Bondye ansanm ak li tou" (Rom 8:16-17).

Difikilte anpil kretyen genyen se bagay ki egziste ant nati pechè-a ak nati Bondye-a. Sa egziste, paske li pa fasil pou nou bliye pase nou.

Avan nou te de ne de nouvo, se nati peche ki te kontwole lavi nou. Alò:

- Nou te panse daprè sa ki nan tèt nou
- Nou te deside daprè volonte nou
- Nou te aji daprè sa nou santi
- Nou te wè avèk zye natirèl la
- Kò nou te gen anvi

Sa nou te panse, deside, santi, wè, epi anvi? Se te bagay chanèl e ke Lucifè te plante nan tèt nou.

Pat' gen diferans antre nou ak Adan.
Lè Adan te pèdi nati Bondye a
li te pèdi sous pou ba li pouvwa, se
Satan ki kòmanse antrene l' tout bagay.

Lè Adan te fin de-konekte avèk Bondye, li tou vin konekte avèk Dyab la – e nou konnen ki rezilta sa te pote.

Desizyon Adan-an kontinye ap afekte nou jouk konyeya. Wi, nou vin fèt yon dezyèm fwa, e nou gen nati Bondye sou nou; men, paske nou te pase anpil tan, ap tande vwa Satan, l'ap pran tan pou nou fin gen konfyans nan Bondye tout bon.

Se pou rezon sa, Apot Pòl di, *"Pa fè menm bagay ak sa moun ap fè sou tè ya. Men, kite Bondye chanje lavi nou nèt, lè la fin chanje tout lide ki nan tèt nou. Lè sa a, n'a ka konprann sa Bondye vle, n'a konnen sa ki byen, sa ki fè l' plezi, sa ki bon nèt ale"* (Women 12:2).

Li Lè pou n' reantrene

- Ki pati pa-w nan preparasyon sa-a?

- Ou bezwen antrenan lespri-w pou li panse bon panse

- Ou bezwen aprann kè-w pou fè sa ki byen

- Ou bezwen antrene volonte-w pou l' fè sa ki dwat

- Ou bezwen antrene kò-w pou li gen bon apeti ak bon anvi

Ou pa ka aji fason ou te konn aji lè-w te gen nati Adan-an sou-a.

Bib la konseye nou, pou nou: *"Kite Lespri Bondye dirije lavi nou. Pa obeyi egzijans kò a. Kò a gen egzijans ki pa dakò ak egzijans Lespri Bondye a. Konsa tou, Lespri Bondye a gen egzijans ki pa dakò ak egzijans kò a. Se de bagay ki pa mache ansanm menm. Se sak fè nou pa kapab fè sa nou vle"* (Galat 5:16-17).

Li vèsè sa yo souvan. Yo gen anpil pisan!

Byen Ou Mal

Gen yon bagay terifik k'ap dechennen. Jèm Divi`n nou genyen-an, ap batay avèk Jèm Adan-an. Ansyen panse nou yo, arogans, pèrèz, fyète – e anpil lòt movès kondwit, yonn nan konba avèk lòt, nouvo lespri Divi`n ki sou nou an pa dakò avèk yo. Pòl di:

"Nou konnen lalwa, se yon bagay ki soti nan Lespri Bondye. Men, mwen menm, mwen se yon kò ki tou fèb, peche fin anpare m', li fè m' tounen esklav li. Lè m' fè yon bagay, mwen pa konprann sa m' fè a. Paske, sa m' ta vle fè a, se pa sa m' fè. Epi sa m' pa vle fè a, se li mwen fè.

Si sa m' pa t' vle fè a se li mwen fè, sa vle di mwen dakò lalwa a bon. Nan kondisyon sa a, se pa mwen ki fè sa ki fèt la, men se peche ki nan mwen an ki fè li. Sa se bagay mwen konnen: Nanpwen anyen ki bon nan mwen, nan tout kò mwen. Mwen di sa, paske menm lè mwen vle fè sa ki byen, mwen pa santi m' kapab fè li.

Mwen pa fè byen mwen vle fè a, men mwen fè mal mwen pa vle fè a. Epi, si m' fè mal mwen pa vle fè a, se pa mwen ki fè l', men se peche ki nan mwen an ki fè li. Pou mwen menm, mwen jwenn lwa sa a nan mwen: lè m' vle fè sa ki byen, se sa ki mal ase mwen santi m' ka fè. Nan fon kè m', mwen jwenn tout plezi m' nan lalwa Bondye a.

*Men, nan tout kò m', mwen santi yon lòt lwa k'ap
goumen ak lalwa mwen renmen an. Lwa sa a kenbe m'
prizonye anba otorite peche a ki nan tout kò mwen. Ala
malere mwen malere, mezanmi! Kilès ki va delivre m' anba
kò sa a k'ap trennen m' nan lanmò? Gremesi Jezikri, Seyè
nou an, mwen ka di: Mèsi Bondye! Konsa, men ki jan mwen
ye: dapre konesans pa mwen, mwen se esklav lalwa Bondye
a. Men, dapre sa m' santi nan tout kò mwen, mwen se esklav
lalwa peche a" (Rom 7:14-25).*

*"Poutan, aprè tou tan sa-a nou pase ap chèche konnen ki
moun nou ye. Koulye a, nanpwen okenn kondannasyon pou
moun ki fè yon sèl kò ak Jezikri. (Rom 8:1)"*

TRAVAY LACHÈ

Bib la pale anpil sou zafè konbat espirityèl, men li
plis gen pou wè avèk nati Adan ki sou nou-an k'ap batay.
Pou byen presize, depi nan kòmansman-an, Satan bezwen
pou-w peche, pou li ka sèvi avèk ou. Konba ki devan nou
an, se yon konba antre de nati nou yo. Nati Adan an avèk
nouvo Nati Bondye an. Se restan nati Adan-an, k'ap batay
ak nouvo nati bondye-a.

**Travay lachè kontinye afekte nou
paske aprè Adan te pèdi Nati Bondye a
li te vin anba pouvwa Lucifè, ki sèvi avèk Adan
pou li akonpli mechanste ki te nan kè li sou tè-a.**

Koneksyon sa-a kontinye nan lòm jodia, e se sèlman
nouvo lavi-a ki ofri nou yon chans pou libere, soti anba
madichon satan an.

Ekriti-a avèti nou nan Galat chapit 5, *"Se fasil pou nou
wè sa egzijans kò a fè moun fè: se imoralite, malpwòpte ak
vis. Se sèvi zidòl, se fè maji, se yonn fè lòt lènmi, se fè kont,*

fè jalouzi, fè kòlè, se yonn pa vle wè lòt, se fè ti pil gwo pil.
Yonn anvye sò lòt, yo tafyatè, yo saf konsa, ak yon bann lòt
bagay ankò y'ap fè.

Mwen deja di nou sa, epi m'ap repete l' ankò pou nou:
moun ki fè tout bagay sa yo p'ap antre menm nan peyi kote
Bondye wa a. Tout tandans kò chanèl ki fè nou aji mal yo,
yo vini avèk nou nan nati nou te fèt la. Sa pa vle di ke tout
moun ki poko vin aksepte nouvo nati an ap fè tout mechanste
nou konnen yo, men moun ki pa gen nouvo nati Bondye-a
gen tandans pou yo kontinye aji avèk ansyen nati-a."

LAVI KI P'AP JANM FINI-AN

Rezon ki fè Jezi te di Nikodèm, *"Li dwe fèt yon dezyèm fwa"* (Jan 3:7), se paske li pat' sèlman wè kòmansman-an, men li te wè finisman-an. Jezi te konnen ke si karaktè nou kontinye ap travay menm jan lè Adan, lè Satan te jye nan tèt li, aprè yon ti tan, peche t'ap kòmanse retounen, epi detwi lavi moun.

Malgre kay nou se nan syèl la li ye, e se la
espwa nou ye tou, gen anpil benefis sou tè-a
pou moun ki fè eksperyans fèt yon dezyèm fwa-a.

Kite m' prezante sa yon lòt fason: Lavi Etènèl se pa sa ou resevwa lè ou rive nan syèl la, ou bezwen gen lavi Etènèl sou tè-a, pou-w al nan syèl. Ou pa ka rantre nan pòtay an nò a, san-w pa gen lavi Etènèl.

Yon moun ki pa gen nati Bondye sou li, p'ap jwenn pèmisyon pou li antre nan site Etènèl la. Pandan ke fèt yon dezyèm fwa, ban nou pèmisyon pou nou antre nan syèl la, li enpòtan pou nou pa detwi lavi nou sou tè-a.

FÈT NAN PECHE

Plan Satan se pou li "vòlè, touye, e detwi" (Jan 10:10). Li fè pwojè ak konplo pou li kontrekare nou, avèk depresyon, pèrèz, mepri, rayisans, demon, epi vye panse scksyèl.

Se pat' janm plan Bondye pou nou te viv konsa, men akoz premye defèt ki te fèt nan Jaden Eden an, nou tout te fèt nan peche e nou vin *fò nan fè debòch* (Sòm 51:5).

Tout ti moun ki fèt, andedan kè yo, yo tou aprann mechanste, paske yo te fèt avèk Nati Adan-an:

- Nou pa bezwen aprann yo bay manti

- Nou pa bezwen aprann yo fè dezobeyisans

- Nou pa bezwen aprann yo gen lògèy

- Nou pa bezwen aprann yo pou yo arogan.

Tout bagay sa yo, yo fèt avèk yo, paske nou tout vin sou tè-a avèk nati Adan an. Nou pa fèt avèk nati Bondye-a.

Se sèlman redanmsyon Jezi-Kris pote ya, ki kapab efase ansyen nati nou fèt la, e ki ban nou, yo nouvo nati tou nèf, Jèm Divi`n nan.

BONDYE PRAN YON DESEPSYON

Nan Jaden Eden, Aprè lezòm te pèdi nati Bondye-a, nati lòm te vin deraye. Sa te fè Bondye lapenn. Lè Li wè lòm t'ap aji tankou bèt. Bondye pat' kreye bèt yo avèk nati Li, se sèlman lòm ki te fèt sou imaj Bondye, men lòm te pèdi kado-a. Lòm te ede Lucifè akonpli mechanste ki nan tèt li.

Bib lan note ke, *"Bondye gade latè, li wè l' te fin pouri, paske tout moun sou tè-a te fin pèvèti. Seyè a wè jan lèzòm te mechan, toupatou sou tè-a te gen mechanste, tout lajounen, se move lide ase ki te nan tèt lòm. Bondye te règrèt dèske l' te fè moun. Kè l' vin sere ak lapenn"* (Jenèz 6:5-60).

Se pou rezon sa-a, Bondye te voye delij la – paske lèzòm pa t'ap ranpli wòl Bondye te kreye yo pou yo ranpli sou tè-a. Ki wòl Bondye te kreye nou pou nou ranpli? Pou nou ka akonpli plan Bondye-a.

Yon Nouvo Repons

Rezilta pou konbat travay lachè-a, se envite, akeyi, epi anbrase fwi Sentespri-a, ki pale nan, Galat ke *"Lespri Bondye a bay renmen, kè kontan, kè poze, pasyans, bon kè, seriozite, li fè ou gen bon manyè. Li fè ou aji ak dousè, li fè ou konn kontwole kò ou. Lalwa Moyiz la pa kont okenn nan bagay sa yo"* (Galat chapit 5:22-23).

Sa yo se bagay nou eritye, ki plante nan kè, nan lespri, e nan tèt yon moun ki fèt yon dezyèm fwa – ki vin pitit Bondye – ki resevwa nati divi`n Bondye genyen an. E se sa Bondye te vle pou nou te genyen depi davans. Fwi sa yo vin fè pati nouvo sans ou.

Depi ke renmen vin ap viv nan nou, aksyon nou vin diferan jodia ke yo te ye yè. Pa egzanp, lè mwen wè de kretyen ap fè tapaj e yo pa ka antann yo, sa fè-m' konprann, omwen yonn nan yo pa ankò ap mache nan nati divi`n nan.

Dezakò gen plas li nan ansyen nati-a.

Mwen konvenk ke rezon ki fè gen divòs, legliz separe, divizyon antre nou, se paske kretyen yo pa fè nouvo nati-an travay. Yo kontinye ap viv avèk ansyen nati-an.

Lè ou vrèman fin konprann ke ou vin fèt avèk nati Bondye, ou vin menm jan avèk Li, sa natirèl pou-w vin renmen moun ki pa fasil pou-w renmen, e w'ap padone moun ou pa ta vle padone.

- Kòman w'ap aji lè yon moun maltrete-w?
- Kisa w'ap di lè moun ap pale-w mal?
- E si moun pran avantaj sou ou?

Ansyen nati-a ap di-w pou-w atake yo tout jan-w kapab. Men, konyeya ou se yon moun nouvo, avèk renmen ki nan lespri la, ou p'ap ka aji konsa. W'ap reyaji yon lòt fason.

Sa pa vle di w'ap kite moun pran avantaj sou ou, oubyen maltrete-w. Se pa sa.

YON REPONS DOUS

Gen moun ki pran desizyon pou yo rete nan yon sitiyasyon kote yon lòt moun ap abize yo, yo konprann se paske yo gen renmen nan kè yo ki fè yo aji konsa. Sa se pa renmen – paske sa se pa charaktè Bondye li ye, pou nou maltrete yon lòt oubyen pou nou kite yon lòt maltrete nou.

Èske Jezi te pèmèt pou moun maltrete l'? Pa di tou.

Lè moun ki te konn kritike Jezi, pi sevè, yo vin antoure Li, pou yo poze l' kesyon avèk anpil kòlè. Li pat' ba yo repons di, Li te reponn yo avèk tousè, avèk yon lespri renmen.

Yon maten, pandan Jezi bay leson nan tanp lan, Eskrib yo avèk Farizyen yo te mennen yon fanm ba Li, yon fanm yo te akize nan adiltè. Ekriti an note ke: *"Nan denmen maten, byen bonè, li tounen nan tanp lan. Tout foul moun yo pwoche bò kote li. Li chita, li pran montre yo anpil bagay.*

Dirèktè lalwa yo ak farizyen yo mennen yon fanm ba li. Yo te bare fanm lan nan adiltè. Yo mete l' kanpe devan tout foul moun yo, epi yo di Jezi konsa: Mèt, yo kenbe fanm sa a nan men ap fè adiltè. Moyiz te bay lòd nan lalwa a pou yo touye yo lè konsa ak kout wòch. Men, ou menm, kisa ou di nan sa? Yo t'ap di sa, paske yo te vle pran l' nan pèlen pou yo te ka akize li. Men, Jezi bese atè. Epi, avèk dwèt li, li kòmanse ekri atè a. Men, moun yo t'ap kouvri l' ak keksyon. Jezi leve atè a, li di yo: Se pou moun ki konnen li pa janm peche a ba l' premye kout wòch la. Apre sa, li bese atè a yon dezyèm fwa, li pran ekri ankò" (John 8:2-8).

Yon bagay ki kòmanse sou fòm yon gwoup moun ki vin kreye pwoblèm fini avèk yonn pa yonn kite plas la – avèk anpil nan tèt yo pou yo reflechi.

LAJWA E LAPÈ

Yon lòt kalite nouvo nati nou an ban nou se yon rezilta positif. Pa egzanp, konyeya se yon bagay natirèl pou nou gen kè kontan, kè kontan se pa yon bagay nou santi, se yon pati nan nou li ye, lajwa, se yon fòs espirityèl nou genyen – yon pati nan nati divi`n Bondye-a.

Se menm bagay pou lapè. Pou nou mache nan lapè li pa depann de nou, ni sa pa depann de sikonstans nan lavi nou, se yon travay Sentespri-an fè nan nou. Li plante lajwa ak lapè andedan kè nou. Sa fè, lè nou ap mache nan verite, bagay ki ap rive bò kote nou yo, vin pa gen enpòtans.

Lavi-w ap echape toumant ak anglwaz

Pawòl la pwomèt: *"Bondye va ban nou kè poze nan jan pa l', bagay lèzòm pa ka konprann; la kenbe kè nou ak lespri nou fèm nan Jezikri"* (Filipyen 4:7).

"Mwen P'ap panike"

Avèk nouvèl nati-an, lè pwoblèm vini, lè-w pa ka kanpe sou de pye-w, mete konfyans ou nan Bondye e di, "mwen p'ap panike!" Ou pa bezwen eseye ranje pwoblèm nan avèk pwòp kouraj ou.

Travay ki fèt nan kè-w ak nanm ou an, fè-w yon lòt moun. Se sèten ke, batay espirityèl ak natirèl la ap toujou kontinye. Nati chanèl la ap toujou pale nan zorèy ou, pou di-w, "pou-w enkyete, oubyen ou p'ap ka soti anba pwoblèm sa-a."

Se plan ènmi-an, pou li fè ou reyaji daprè emosyon-w, menmjan yo te gen abitid. Ou te fè anpil ane anba men satan, kote li t'ap antrene-w pou-w aji tankou l'. Lòm pi konfòtab lè y'ap fè mechanste. Men-w bezwen aprann pou-w di satan, ou se pitit Bondye, "mwen gen lapè"

Nouvo moun ou ye, li gen andurans, li ka soufri pou anpil tan; paske renmen pa kenbe moun nan kè (1 Korentyen 13:5).

Akoz ekselans nouvo nati ou genyen an,
Ou ka padone moun, ou gen renmen nan kè-w,
ou gen jantiyès, ou ka kontwole tèt ou.

Kalite sa yo te plante nan nati Divi'n Bondye ba ou an. Pou-w ka viv tankou kretyen Bondye te vle pou-w ye ya.

Konsolatè-a

Avan Jezi te kite tè sa, pou li te retounen nan syèl la, al jwenn Papa-a, pou Li ka chita sou bò dwat Papa-a, Li te fè nou yon pwomès: (Jan chapit 14)

M'ap mande Papa a pou l' ban nou yon lòt moun pou ankouraje nou, pou li ka toujou la avèk nou, se Sentespri k'ap moutre nou verite a.

Moun k'ap viv dapre prensip lemonn pa ka resevwa l', paske yo pa ka wè l', ni yo pa ka konnen li. Men nou menm, nou konnen l' paske li rete nan kè nou, paske li nan nou.

Mwen p'ap kite nou pou kont nou: M'ap tounen vin jwenn nou ankò.

Anvan lontan ankò, lemonn p'ap wè m', men nou menm n'a wè mwen. Paske m'ap viv, nou menm tou n'ap viv.

E li ajoute,

Moun ki pou vin ankouraje nou an, se Sentespri. Se Papa m' k'ap voye l' nan non mwen. Sentespri sa a va moutre nou tout bagay, la fè nou chonje tou sa m' te di nou.

Sentespri-an te vini e li sou tè-a konye-a pandan n'ap pale-a e l'ap mache sou kote-w kon yon konsolatè, yon pwofesè, e yon gid. E li tou, *"[nan ou] Mwen menm, m'apral voye ban nou, sa Papa m' te pwomèt la. Nou menm, rete lavil Jerizalèm jouk pouvwa k'ap soti anwo nan syèl la va desann sou nou"* (Lik 24:49).

Se pou rezon sa-a, nou ka viv avèk fòs, kouraj, lè nou fè fas avèk defi ènmi-an. Sonje sa, *"Lespri Bondye ban nou an, pa fè nou wont moun. Okontrè, Lespri Bondye ban nou an ban nou fòs, renmen ak pouvwa pou kontwole tèt nou"* (2 Timote 1:7).

Sa vle di, li pa nan nati Bondye-a, pou nou gen perèz oubyen timidite, men nou sipoze pisan, solid nan Bondye, avèk kouraj; paske *"moun ki mache dwat yo brav tankou lyon"* (Pwovèb 28:1).

Nou pa dwe janm bliye sa, ke Papa nou Ki nan Syèl la se lyon ki soti nan fanmi Jida a (Revelasyon 5:5).

Glwa pou Bondye!

Sentespri-a Kondwi-w

Pwofèt Ezayi prezante tanperaman Mesi-a lè li ekri, *"Lespri Bondye a pral desann sou li. L'ap ba li bon konprann ak lespri. L'ap ba li konesans ak tandrès pou l' dirije. L'ap fè l' konn Seyè a, l'ap fè l' gen krentif pou Bondye"* (Ezayi 11:2).

Akoz nou aksepte pitit Bondye-a pa lafwa, kè nou vin pwòp avèk san li, bagay sa yo vin fè pati nan nou. Ki ban nou kalite divi`n pou nou fè travay sipènatirèl.

Akoz bon konprann ou pwosede-a, se yon kado ou resevwa nan men Bondye, pa inyowe sa. Kite "Sentespri-a gide-w." Pafwa se yon ide w'ap genyen, pafwa se yon vwa w'ap tande, pafwa se yon konviksyon w'ap genyen nan lespri-w. sa se pati nan nati divi1n ou genyen an. Nou sipoze koute epi obeyi Sentespri-a.

Reflechi Sou Moun Li ye-a

Mwen menm avèk ou te fèt nan imaj Bondye. Nou se piti Bondye. Ou gen jèm papa a, men pitit la paka pi gran pase papa-a. Alò, se li menm ki gen glwa, onè, ak otorite, epi pouvwa avan. Anplis, akoz nou se moun ki kwè, nou vin pataje tout bagay sa yo avèk li. Nati li vin parèt nan nou, e montre ki moun li ye.

Di Bondye mèsi chak jou, paske ou te fè rankont avèk Li – Bondye Papa-a, Bondye Pitit la, e Bondye Sentespri-a.

PARTI DE

DINYITÉ

Chapit Kat

Ou Kouwòne Avèk Glwa

Depi jou nou te sove-a, nou dwe kòmanse rejwi chak jou, paske nou kouwòne avèk glwa Bondye. Menm moman nou te sove-a, nou tou resevwa yon dezyèm benediksyon nan men Bondye. Bondye ban nou onè, malgre nou pat' mande l'.

Pou nou ka byen konprann revelasyon sa-a, an nou gade kisa salmis David di: *"Ou fè nou yon ti kras pi piti pase ou. Tankou yon kouwòn sou tèt yo, ou ba nou pouvwa ak respè. Ou mete yo pou yo dominen sou tout sa ou fè, ou mete tout bagay anba pye yo"* (Som 8:4-5).

Kèl mèvèy! Yon sipè Kouwòn Bondye plase sou tèt ou, ki montre glwa e onè.

Yon Paradi Rich

Pou byen konprann enpòtans kado sa, nou bezwen gade pi prè lè lemond t'ap kòmanse.

Aprè Bondye te kreye lòm avèk pousyè tè-a, li soufle souf li nan narin yo, li fè yo gen lavi. Aprè sa, nou jwenn Adan ap mache nan paradi-a (yon plas kote gen onè avèk glwa).

Seyè-a, Bondye-a, plante yon Jaden yon kote yo rele Eden, bò kote solèy leve-a. Se la li mete nonm li te fè a. Seyè-a, Bondye-a, te fè tout kalite pyebwa leve nan jaden an, bèl pyebwa ki donnen fwi ki bon pou manje. Nan mitan jaden an te gen de gwo pyebwa. Youn se te pyebwa ki bay lavi-a, lòt la te pyebwa ki fè moun konnen sa ki byen ak sa ki mal la.

Yon gwo larivyè soti nan peyi Edenn, li wouze jaden an. Larivyè a te fè kat branch. Premye branch lan te rele Pichon. Se larivyè sa a ki wouze tout peyi Avila-a, peyi kote yo jwenn anpil lò-a. Se nan peyi sa-a, yo jwenn pi bon lò ansanm ak pyebwa gonm arabik ak yon pyè wouj ki koute chè, yo rele oniks" Jenèz 2:8-12.

Non sèlman Bondye te bay Adan ak èv yon jaden ki te pafè pou yo te viv, li te beni yo avèk anpil richès – li ba yo tè ki gen anpil lò avèk diaman.

Sa fè nou konprann ke Bondye pat' kreye lòm pou nou te chèche richès, men li te kreye yo tou rich! richès se te plan Bondye depi nan kòmansman an.

Zanmi, sa fè pati nan jèm divi`n nan.
Abondans ou wè sou tè-a,
Bondye te ba ou yo depi avan ou te fèt.

YON BÈL FADO

Sa bay kontantman pou nou konprann kisa sa vle di, pou-w kouwòne avèk glwa e onè. Glwa vle di, ou gen yon bagay sou ou ki lou. Lè pawòl Bondye di, ou gen glwa sou lavi-w, gwosè kouwòn nan plen an abondans.

Li pa enpòtan ki kote oubyen nan ki ras ou te fèt. Yon pati nan espri Divi`n nan, se yon lespri ki menm avèk lespri Bondye, ke li te vle pou Adan te genyen an. Nati Adan te montre nati Bondye.

Bondye te fè Lòm Pou montre pouvwa Li

Jodia, Bondye vle pou menm glwa sa-a vin pou ou. fason Apot Pòl ekri li, *"Nou tout, nou pa kouvri figi nou; nou tankou yon glas k'ap fè moun wè pouvwa Bondye a: konsa, chak jou, n'ap transfòme, pouvwa li ap grandi nan nou, jouk tan n'a rive sanble nèt ak Seyè a. Sa se travay Seyè-a. Lespri Bondye-a"* (2 Korentyen 3:18).

Kèl gloriye transfòmasyon!

SOUS ONÈ YA

Nan Jaden D'Eden, lòm te kouwòne avèk glwa tou, tankou Bondye.

Nan premye lang lan, lang original, mo "onè" te vle di magnifik, biblo, tankou zeklè, bèl e ekselan. Lòm se te grandè Bondye.

Nou te fèt pou te pi presye e pi enpòtan pase tout lòt bagay Bondye te kreye – plis pase zetwal yo, plis pase montay yo. Onè, poutan, se yon kado Bondye ban nou, se lè li te plante li sou ou, ke ou gen enpòtans ou.

Lè Salomon te prè pou li wa nan peyi Izrayèl, Bondye mande li, kisa li te vle. Salomon pat' mande richès avèk pouvwa, men li te mande Bon konprann e yon kè pou li konprann moun. Akoz imilite li, Bondye te ba li sa li te mande-a, epi plis toujou.

Bondye te di Salomon, *"M'ap ba ou sa ou mande-a, m'ap ba ou plis konesans ak plis bon konprann pase tout moun, pase ni sa ki te la anvan ou yo, ni sa k'ap vini aprè-w. Lè fini, m'ap ba ou, sa-w pa t' mande tou. M'ap ba ou anpil richès ak anpil pouvwa. Konsa, p'ap gen okenn lòt wa tankou ou, pandan tout rès tan, ou gen pou-w viv la"* (1 Wa 3:12,13).

Se pat' Salomon ki te bay tèt li onè – se te yon kado Bondye Tou-Pisan-an te ba li.

GLWA BONDYE-A SE POU OU

Se glwa avèk onè Bondye ba ou an, ki pèmèt ou ka gen valè, pou-w reprezante li sou tè-a.

Lè ou tande mo "onore" kisa ou panse? Anpil moun panse de yon moun yo konnen ki gen anpil enpòtans, men sa se pa yon bon fason, pou nou sèvi avèk mo sa-a. Onore vle di, yon moun ke Bondye bay anpil Onè, tankou yon moun, nou bay anpil enpòtans sou tè-a, tankou prezidan yo.

Lè nou vin aksepte Kris nan lavi nou
Nou gen yon responsablite pou nou mennen tèt nou,
yon fason ki diyn devan Bondye e devan lèzòm
pou ke non Bondye ka Onore

Lè laBib pale de moun ki kouwòne avèk glwa, sa vle di, Bondye vle pou nou kouwòne avèk glwa, epi pou nou gen anpil valè sou tè-a. Tout kote Adan te vire li te wè Bondye prezan – nan grandè, nan bote, nan richès, nan majeste. Pozisyon sa te nesesè pou lòm te ka grandi epi devlope.

Jodia, kòm yon moun ki fèt yon dezyèm fwa, yo mennen-w devan wayòm Bondye-a. E li vle mete menm kouwòn sa-a e onè sa-a devan-w tou. Èske-w prè pou-w mache nan pozisyon Bondye ba ou-an, tankou yon moun ki merite l'?

CHAPIT SENK

KÒMANSE VIV SOU TÈ-A KÒMSI SE NAN SYÈL LA

Mèvèy ki nan syèl la ka pran souf moun! Plizyè moun ki te mouri, ki resisite, esplike kòman syèl la bèl. Yo di, yo te anlè nan syèl la pou yon ti tan; aprè sa, yo desann, men yo pa janm ka fi`n eksplike kòman syèl la ye.

Yon pastè legliz baptis, Don Piper pou egzanp, te nan yon aksidan, kote tout doktè yo te panse li mouri. Men aprè inèd-tan e demi, pandan yon lòt pastè t'ap priye avèk li, li te resisite. Piper ekri yon liv ki rele *90 minutes in Heaven* (ki tradwi an kreyòl (90 Minit nan Syèl la) nan liv la, li eksplike kòman li te wè mèvèy nan syèl la.

Li di, "mwen gade toupatou e mwen wè mèvèy ke mwen pa ka dekri. Lè li t'ap soti nan pòtay syèl la – limyè t'ap klere toupatou, avèk vigè yo briye. Mo pa sifi, pou li dekri mèvèy li te wè nan syèl la, paske lòm pa genyen ase mo pou yo eksplike mirak li te wè nan syèl la."

DEPASE IMAJINASYON

Sa montre pawòl Apot Pòl di di nou an: *"Men, jan sa te ekri nan Liv la: Bagay pesòn pa t' janm wè, ni pa t' janm tande, bagay okenn moun pa t' janm mete nan tèt yo, se sa Bondye te pare pou moun ki renmen li"* (2 Korentyen 2:9). E, menm moun ki te wè syèl la nan yon rèv, pa ka dekri li.

Poutan, Bondye te ban nou yon apèsi de kote li ap viv la, daprè sa li kreye sou tè-a. Nou wè se te toujou plan Bondye, pou *"volonte li te fèt sou tè-a tankou tout bagay ye nan syèl la"* (Matye 6:10).

Akoz Bondye mete lespri Li sou lòm, lòm vin tankou Bondye, lòm vin Bezwen yon kote pou li viv ki tankou kote Bondye ap viv, pou li ka fonksyone byen tankou Bondye. Se pou rezon sa-a li te konstwi Jaden-an pou Adan te abite. Bondye te bezwen bay Adan, yon antouraj ki sanble avèk syèl la.

**Se te plan Bondye
pou li fè yon bèl plas, ki genyen
glwa, richès, avèk intelijans Bondye.**

ANBYANS TOU-PISAN AN

Esansyèlman, Kreyatè-a t'ap di, "si mwen ap abite nan lòm sou tè-a, li oblije gen yon kote pou l' abite tankou kote mwen abite."

Alò Bondye kreye e prepare yon paradi pou Adan avèk Èv paske yo te genyen nati Bondye, lòm ap bezwen abite nan yon plas tankou Tou-Pisan an.

Padone mwen si-m pale twò klè, men, mwen vle mete yon defi devan tout moun ki manm nan fanmi Kris la, ki santi ke se pa volonte Bondye pou yo pwosede anpil richès. Okontrè, se sèl fason ke nati ou konplètman satisfè.

Moun Ou Ye Ya

Petèt ou gen difikilte nan moman sa-a – ou enkyete-w paske-w pa ka peye kay ou. Petèt w'ap kondwi yon machin ki pa gen kawoutchou, ki bezwen reparasyon, oubyen w'ap grandi timoun ou pa ka pran swen yo. Se kapab ou fatige kote w'ap travay la.

Tout bagay sa yo ka anpeche Jèm Divi`n nan travay, yo ka retire tout bon panse Bondye ba ou yo, paske ou fatige-w avèk twòp bagay.

Tout bagay sa yo fè-w pa ka viv alèz, paske ou te fèt pou-w te viv avèk onè e glwa. Ou te fèt pou-w te travay nan yon kote ki gen richès, pwosperite, e valè – yon plas kote-w te sipoze konfòtab tout antyè. Nou p'ap pale de dezi ki nan kè lòm, men n'ap pale de volonte Bondye. Nan Jaden Eden, tout bagay te bon, e byen fèt. Ki vle di, tout kote Adan te ye, li te wè bèl bagay, li te satisfè.

Eske-w Viv Pou-w Ekselan?

E Jodia? Èske-w panse Bondye vle pou-w pwosede pi piti byen pase sa ou sipoze genyen yo.

**Pa gen anyen ki mal nan sa,
lè yon moun vle gen yon bèl kay
oubyen yon kanè bank ki gra**

Esperans sa yo nan ou, ou eritye l' nan Bondye, se Li ki antrene nou, pou nou wè bèl bagay tout kote nou gade, kè nou pa kontan lè-n' pa wè bèl bagay! Se pou rezon sa, ou sipoze mache dèyè bèl kay ou anvi genyen an. Ou sipoze fè efò pou-w genyen li, pou lè-w leve nan maten, pou lespri-w ka santi li lakay.

Yonn nan toumant ou ka santi-w genyen konyeya, se paske tout kote ou gade, pa gen anyen ki sanble avèk nati-w. Pou kèk moun, se kapab se yon machin yo bezwen, sa yo genyen nan kay la kraze, petèt se penti ki nan mi kay la, ki pa mete-w alèz.

Sa fè-w pa santi-w trankil, pa gen lapè, ekselans pa antoure-w.

FÈ SOTI SA KI PI MEYÈ A

Anviwònman kote-w rete a, vrèman enpòtan – non sèlman pou pwòpte, men pou-w ka grandi epi devlope byen.

- Yon pyebwa bezwen bon tè pou li pote fwi.

- Yon pwason bezwen rete nan dlo pou li viv.

- Yon zetwal bezwen rete nan syèl la pou li klere.

Akoz sa se verite, lòm bezwen yon bon anviwònman pou li ka travay byen.

PWOVIZYON TOTAL

Sa enpòtan pou nou konnen sa, nan Jaden Eden, tout pyebwa yo te bèl, yo te fleri, "men tou yo te bay bon fwi pou moun manje" (Jenèz 3:6).

Adan t'ap viv, kote tout bezwen l' yo te satisfè. Anplis, LaBib di nou ke Kreyatè-a fè pyebwa yo grandi (Jenèz 2:9). Sa fè n' konprann ke se plan Bondye pou lòm viv yon kote ke tout bezwenn yo satisfè.

Se te devwa Adan pou li te kiltive tè-a, epi pran swen jaden an, men se pat' responsablite l' pou fè plant yo grandi oubyen miltipliye. *Bondye di, "Gade. Mwen ban nou tout kalite plant ki bay grenn ak tout kalite pyebwa ki bay fwi ak grenn pou nou manje"* (Jenez 1:29).

Depi moman ke Adan ouvè zye l' , toupatou kote l' gade, te gen tout kalite fwi, mango mi, zoranj dou, pòm, k'ap grandi pou li manje.

Se plezi pou Papa-a, pou fè pwovizyon pou pitit li. Poukisa? Paske Bondye se yon Bondye ki fè pwofizyon.

PLAN AN TE FÈT NAN SYÈL LA

Tout moun gen pawòl pa yo pou yo di, sou zafè richès kretyen pwosede. Men, lè nou gade nan pawòl Bondye, nou dekouvri ke richès te egziste depi okòmansman. Bondye te pran desizyon pou li pran swen pitit li yo. Alò nou pa ka wont pou sa nou pwosede.

Se pat' Adan ki te mande Bondye richès. Avan Bondye te plase Adan nan Jaden Eden, Bondye te ba li tout sa li bezwen. Adan sèlman antre nan yon mond rich, ki tankou syèl la.

Premye lòm ki te sou tè-a, te dekouvri kisa sa vle di Pou-w viv nan glwa Bondye, Avèk tout sa-w bezwen devan

Se pou rezon sa mwen eksplike, ke si-w wè w'ap soufri, paske-w pa genyen tout sa-w bezwen, e ou dekouraje nan lespri-w, nan kò fizik ou, gen yon rezon pou sa.

Sa kòmanse de pi premye dezakò-a. Nou te fèt nan imaj Bondye, nou te sipoze jwenn tout sa nou bezwen. Nati nou pa antrene nou nan soufrans avèk anglwas, paske Bondye pat' kreye nou, pou nou viv konsa.

Pou nou byen konprann provizyon divi`n sa yo, nou bezwen konprann kòman ènmi an te pran li nan men nou.

SATAN BAY MANTI

Nan tout pyebwa ki te nan Jaden an ki bay manje, se yon sèl ki te gen limit. Pyebwa sa-a, Bondye te di, "pa touche l'!"

Espesyalman, Kreyatè-a te pale avèk Adan, *"Ou mèt manje donn tout pyebwa ki nan jaden an. Men, piga-w manje donn pyebwa ki fè moun konnen sa ki byen, ak sa ki mal la. Paske, jou ou manje l', w'ap mouri"* (Jenèz 2:16-17).

Satan te byen konnen sa, alò li fè plan li, pou-l' fè Adan peche kont Bondye. Bib la deklare, Nan Jenèz Chapit Twa:

"Sèpan an se bèt ki te pi rize nan tout bèt nan bwa. Se Seyè a, Bondye a, ki te kreye li. Li di fanm lan konsa. Èske Bondye te janm di-w, piga nou manje donn tout pyebwa ki nan jaden an?

Fanm lan reponn sèpan an. Nou gen dwa manje donn tout pyebwa ki nan jaden an. Men, kanta pou pyebwa ki nan mitan jaden an, Bondye di. Piga nou manje ladan l', piga nou manyen l' menm. Sinon, n'ap mouri.

Lè sa a, sèpan an di fanm lan. Se pa vre. Nou p'ap mouri kras. Bondye di nou sa, paske l' konnen jou nou manje ladan l', je nou va louvri. n'a vin tankou Bondye, n'a konnen sa ki byen ak sa ki mal. Fanm lan gade, li wè jan pyebwa a te bèl, jan fwi yo sanble yo ta bon nan bouch. Li santi li ta manje ladan l' pou je l' ka louvri. Li keyi kèk fwi. Li manje, li pote bay mari l' ki manje tou.

Manje yo fin manje, je yo louvri, lè sa a, yo vin konnen yo toutouni. Yo pran kèk fèy figfrans, yo koud yo ansanm, yo fè tanga mete sou yo. Jou sa a, solèy te fèk fin kouche lè nonm lan ak madanm li tande vwa Seyè a, Bondye a, ki t'ap pwonmennen nan jaden an. Y' al kache nan mitan pyebwa ki nan jaden an pou Seyè a, Bondye a, pa wè yo. Men, Seyè a, Bondye a, rele nonm lan, li di l'. Kote ou ye? Nonm lan reponn li. Mwen tande vwa ou nan jaden an, mwen pè. M al kache pou ou, paske mwen toutouni.

Seyè a, Bondye, di l'. Ki moun ki di ou te toutouni? Eske ou te manje fwi pyebwa mwen te di ou pa manje a?

Nonm lan reponn. Fanm ou te ban mwen an, se li menm ki ban mwen fwi pyebwa a pou m' manje, epi mwen manje l'. Seyè a,

Bondye, mande fanm lan. Poukisa ou fè sa? Fanm lan reponn li. Se pa mwen non! Se sèpan an wi ki pran tèt mwen ki fè m' manje l'(Jenez 3:1-14).

BONDYE PWONONSE TWA MADICHON

Sèpan an twonpe Adan ak Èv avèk menm anvi ki te lakòz li te chite ya. Li te di yo, *"si ou manje fwi-a w'ap vin tankou Bondye"* (verse 5).

Verite sa, se ke Adan ak Èv te deja tankou Bondye, yo te fèt nan imaj Bondye, tankou Bondye. Men akoz dezobeyisans yo, Bondye pat' gen chwa, Li te oblije ba yo pinisyon pou peche yo — avèk twa madichon.

Premye madichon-an se te sou Satan. Bondye te di li, *"Poutèt sa ou fè a, ou madichonnen nan mitan tout bèt jaden ak tout bèt nan bwa. W'a rale sou vant ou. W'a manje pousyè tè jouk jou ou mouri. Ou menm ak fanm lan, m'ap fè nou lènmi yonn ak lòt. Pitit pitit pa l' ak pitit pitit pa ou ap lènmi tou. Pitit pitit li ap kraze tèt ou, epi ou menm w'ap mòde l' nan talon pye l'"* (Jenèz 3:14-15).

Dezyèm madichon an te tonbe sou fanm lan: "Lè w'ap fè pitit, m'ap fè soufrans ou vin pi rèd. Wa gen pou-w soufri anpil lè-w ap fè pitit. W'ap toujou anvi mari ou. Men, se mari ou ki va chèf ou" (Jenèz 3:16).

Dènye madichon an se sou gason an: *"Ou koute pawòl madanm ou, pa vre! Ou manje fwi pyebwa mwen te ba ou lòd pa manje a. Poutèt sa ou fè a, m'ap madichonnen tè a. W'a gen pou travay di toutan pou fè tè a bay sa ou bezwen pou-w viv. Tè a va kale tout kalite pikan ak pengwen ba ou. W'a manje fèy ki pouse nan raje. Se swe kouraj ou ki pou fè ou mete yon moso pen nan bouch ou jouk lè wa tounen nan tè kote ou soti a. Paske, se pousyè ou ye, ou gen pou tounen pousyè ankò"* (Jenèz 3:17-19).

OREVWA PARADI

Kèl Detou! Sonje se te plan Bondye pou lòm te viv yon kote ki gen tout sa nou bezwen avèk richès. Men, paske Adan te peche, Tou-Pisan an anonse, *"mwen p'ap ba ou tout sa-w bezwen ankò. W'ap oblije travay di, pou-w jwenn sa-w bezwen."*

**Bondye te pran lavi dous la
nan men Adan, Li te pèdi paradi-a,
li te pèdi onè, diyite, bote, byen yo**

Konyeya li oblije travay avèk men l' pou l' travay tè-a, wouze li, tandi li, pou li ka viv.

Se te yon gwo chanjman pou-w soti nan Plan Bondye, pou-w ale nan plan pa-w. Malgre Adan te vle bay Èv pote chay la, Bondye pat' aksepte eskiz la.

Yo Resevwa Yon Lavi Di

Madichon an mennen travay di – ki toujou egziste jodia. Mwen tande anpil moun plwenyen, "poukisa lavi sitèlman difisil?"

Pou anpil moun repons lan se paske yo poko repanti de tout peche yo e pran yon desizyon pou viv nan prezans Bondye.

Bib la di nou, *"lavi nan peche se yon lavi difisil"* (Pwovèb 13:15). Lavi vin fatigan. Se pou rezon sa, lòm vin kòmanse ap touye moun, epi volè bagay moun tou. Nou wè prèv la nan lavi pitit gason Adan ak Èv yo. Abèl te konn pran swen mouton yo, Kayen te konn pran swen tè-a. Tou de mesye yo, te mennen yon ofrann bay Bondye: Kayen te ofri kèk fwi, e Abèl te *"pran mouton ki te pi gra-a nan premye pitit mouton l' yo, li ofri l' bay Seyè-a. Seyè a te kontan ofrann Abèl la"* (Jenèz 4:4). Men ofrann Kayen pat' fè Bondye plezi.

Lè Bondye te onore ofrann Abèl la, Kayen te vin jalou e li te fache, sa lakoz li touye Abèl (vèsè 8).

Akoz inikite, lòm te pèdi onè. Li pat' diyn pou li abite nan prezans Bondye. Li te oblije travay la tè.

Se nan mond sa nou te fèt, men nou menm ki aksepte Kris e ki kite Bondye vide Lespri li nan nou, nou te delivre anba madichon sa-a.

Sevre, nou gen pou nou travay, men li sipoze yon jwa pou nou, yon travay nou fè avèk renmen nan kè nou olye se yon chay ki sou tèt nou, paske nou konnen gen yon rekonpans Etènèl.

Nou vin nan yon nouvo pozisyon akoz nou se pitit Bondye. Bondye leve madichon li te pwononse sou Adan, li pa sou moun ki aksepte Kris yo ankò. Bondye envite nou, pou nou retounen nan Jaden Eden ankò. Glwa a Dye!

YON POZISYON DIVIN

Kite-m' pataje yon verite avèk ou. Sa konsène yon pozisyon avèk kondisyon.

Lè ou konprann ke richès se pozisyon-w, w'ap gen lafwa pou-w chanje kondisyon-w.

Petèt w'ap li liv sa, nan peyi ki pi pòv sou tè a – tankou Sudan, Haiti, oubyen Cambodia. Pran kouraj jodia. Pa gen okenn diferans kote-w ap viv la, avèk kote lòt moun ap viv yo, si-w konprann ke-w nan pozisyon pou favè Bondye, l'ap kòmanse travay nan sikonstans yo, e l'ap ba ou lavi, epi plas Li te vle pou-w genyen an.

Daprè Ekriti ya, *"Benediksyon Bondye, fè moun rich, li pa ajoute okenn soufrans avèk richès la"* (Pwovèb 10:22).

Se favè sa-a Bondye bay lòm nan Jaden Eden, nan premye chapit Jenèz la, e se plan Bondye pou nou viv sou tè-a tankou nou t'ap viv nan Jaden Eden.

Akoz richès se pozisyon-w,

Richès dwe kondisyon-w tou,
sa vle di, Papa-a vle fè travay nan ou,
pou-w ka pran plas ou pral ranpli nan syèl.

KONTRA-A

Richès ki asire nan syèl la, non sèlman ban nou dinyite, men li ban nou pouvwa e otorite kòm Pitit Bondye. Bib la di, *"Sonje se Seyè a, Bondye nou an, ki te ban nou kouraj sa-a. Se li menm ki te fè nou rive gen tout richès sa yo, paske li te kenbe kontra li te pase ak zansèt nou yo, epi l'ap kenbe l' jouk jòdia"* (Deutoronòn 8:18).

Yon moun mande-m' "Mwen kwè kontra-a se pou nou sove moun ki pèdi yo." Non, sa se travay Papa-a. Men, kontra Bondye te fè avèk Abraram lan se pou benediksyon avèk favè.

Li enpòtan pou nou gade rezanblans ki genyen avèk sa Bondye te di Adan e Kontra li te fè avèk Abraram nan. Bondye te di Adan ak Ev, pou yo "peple e miltipliye" (Jenèz 1:28). Anplis li te di l'ap ba yo tout sa yo bezwen. Men malerezman, yo te dezobeyi e yo te pèdi benediksyon Bondye.

Li pran anpil jenerasyon moun, avan Bondye te twouve yon moun li te ka fè konfyans, avèk yon kontra tou nèf. Se te Abraram. Bondye te di li, *"Pati, kite peyi ou la. Kite tout fanmi ou. Kite kay papa ou, ale nan peyi m'a moutre ou la. M'ap ba ou anpil pitit pitit. Y'a tounen yon gwo nasyon. m'a beni ou. Y'a nonmen non ou toupatou; w'a sèvi yon benediksyon pou tout moun. M'ap voye benediksyon mwen sou tout moun ki va mande benediksyon pou ou. Men, m'ap madichonnen tout moun ki va ba ou madichon. Gremesi ou, tout nasyon sou latè va jwenn benediksyon"* (Jenèz 12:1-3).

Sa se eritaj nou menm moun ki sen yo, pou nou mache e viv nan abondans syèl la. Tankou kretyen ki fèt yon dezyèm fwa, nou anba yon kontra tou nèf: *"Si-w se moun Kris la, enben ou se pitit pitit Abraram. Ou gen pou-w resevwa eritaj Bondye te pwomèt la"* (Galat 3:29).

Pran kontra sa, san wont, san eskiz
Paske se volonte Bondye pou li beni pitit li yo

YON VIL AN NÒ

Yon jou, nou pral rantre nan glwa Bondye nan syèl la. Nan Revelasyon, Jan dekri manifisans Vil Annò-a – e mwen kwè nou bezwen pran tan ankò, pou nou kontanple e admire sa Bondye ap prepare pou moun ki renmen l' yo:

Mwen wè lavil Bondye a, lòt Jerizalèm nèf lan, ki t'ap desann soti bò kot Bondye ye nan sièl la. Li te byen abiye, li te pare tankou yon lamarye ki pral kontre fiyanse li. Mwen tande yon vwa ki t'ap soti bò fòtèy la, li t'ap di byen fò: Koulye a, kay Bondye a se nan mitan moun l'ap ye. L'ap rete nan mitan yo, lèzòm ap yon pèp pou li. Se Bondye menm k'ap viv avèk yo, li va Bondye pou yo.

Li gen pou l' cheche tout dlo nan je yo. p'ap gen lanmò ankò, yo p'ap nan lapenn ankò, yo p'ap janm plenyen ankò, yo p'ap janm soufri ankò. Tout vie bagay sa yo pral disparèt. Lè sa a, moun ki te chita sou fòtèy la di: Koulye a, mwen fè tout bagay vin nèf. Apre sa li di mwen: Ou mèt ekri sa, paske pawòl mwen se pawòl ki vre, pawòl tout moun dwe kwè.

Aprè sa li di ankò: Bon. Tout bagay fin fèt. Mwen se A ak Z, mwen se konmansman, mwen se finisman. Si yon moun swaf dlo, m'a ba li bwè dlo gratis nan sous dlo ki bay lavi a. Se sa moun ki va genyen batay la va resevwa nan men m'. M'a va Bondye yo, y'a va pitit mwen (Revelasyon 21:2-7).

Revelasyon an kontinye, Jan ekri, Nan vizyon an, mwen wè zanj lan mennen m' sou tèt yon mòn byen wo. Li moutre m' lavil Bondye a, Jerizalèm ki desann soti bò kote Bondye ye nan sièl la. Li te klere byen bèl ak limiè prezans Bondye a. Lavil la te klere tankou yon piè bijou ki koute chè anpil, tankou yon piè jasp klè kou kristal. Li te gen yon gwo miray byen wo avèk douz pòtay. Te gen yon zanj nan chak pòtay pou veye yo. Sou pòtay yo, yo te ekri non douz branch fanmi pèp Izrayèl la. Te gen twa pòtay sou chak kote: twa pòtay sou bò lès, twa pòtay sou bò nò, twa pòtay sou bò sid, twa pòtay sou bò lwès. Miray la te kanpe sou douz gwo wòch. Yo te ekri non douz apòt ti Mouton an sou wòch yo.

Zanj ki t'ap pale avè m' lan te gen yon baton pou mezire nan men li, yon baton wozo fèt an lò, pou l' te pran mezi lavil la, mezi pòtay yo ak mezi miray la. Lavil la te tankou yon bwat kare, longè l' te menm ak lajè li. Zanj lan mezire lavil la ak baton wozo l' la. Lavil la gen demildesan (2.200) kilomèt longè. Lajè l' ak wotè l' te menm ak longè li. Zanj lan mezire miray la: miray la te gen swasanndouz (72) mèt sou wotè, dapre mezi Bondye te bay yo lòd.

Miray la te bati an Jasp (Sa se yon kalite siman espesyal). Lavil la menm te an bon lò, li te klere kou kristal. Gwo wòch fondasyon miray lavil la te byen òne ak tout kalite piè bijou gwo pri. Premye wòch la te an Jasp, dezyèm lan an Safi, twazièm lan an Agat, katriyèm lan an Emwòd, senkièm lan an Oniks, sizièm lan an Sadwan, setièm lan an Krizolit, witièm lan an Beril, nevièm lan an Topaz, dizyèm lan an Krizopraz, onzièm lan an Tikwaz, douzyèm lan an Ametis.

Douz pòtay yo te douz bèl grenn pèl. Chak pòtay yo te fèt ak yon sèl grenn pèl. Tout lari nan lavil la te fèt an bon lò, klè kou kristal. Mwen pa t' wè tanp nan lavil la, paske Mèt la, Bondye ki gen tout pouvwa a, te tanp li ansanm ak ti Mouton an.

Lavil la pa t' bezwen ni solèy, ni lalin pou klere l' paske limiè prezans Bondye a te klere l' nèt, ti Mouton an te tankou yon lanp pou li. Gremesi limiè l' la, tout nasyon ki sou latè va wè pou yo mache. Tout wa latè yo va pote richès yo ba li. Pòtay yo va rete louvri tout lajounen. Men, paske la p'ap janm fè nwit, pòtay yo p'ap janm fèmen. Tout richès nasyon yo ansanm ak tout bèl bagay yo genyen va anpile nan lavil la.

Men, anyen ki pa bon pou sèvis Bondye p'ap antre nan lavil la. Ni yo p'ap kite moun k'ap fè bagay ki bay degoutans, moun k'ap bay manti, mete pie yo nan lavil la. Moun ki va antre nan lavil la, se sèlman moun ki gen non yo ekri nan liv ki nan men ti Mouton an, liv ki gen non moun ki gen lavi-a (VèSè 10-27).

Kèl bèl kay k'ap tann moun ki bay Jezi lavi yo! Men, mèsi Bondye nou ka fè eksperyans avèk wayòm Bondye a sou tè-a. kòm pitit Bondye nou ka reklame kontra divin nan e kòmanse viv tankou nou pral viv nan syèl la.

CHAPIT 6

PRAN WAYÒM NAN

Anpil nasyon nan mond nan se pa prezidan ki dirije yo, men se wa avèk rèn, e toujou gen anpil chanjman ki fèt, lè yon wa oubyen yon rèn monte sou twòn lan. Twòn nan se pa sèlman pou moun k'ap dirije peyi ki gen pouvwa sou peyi-a.

Akoz nou se kretyen, nou se manm nan fanmi Bondye-a, nou tout se manm nan wayòm la – pa gen okenn moun ki ka kanpe devan-w. Lè Jezi te mouri, li te leve soti vivan nan tonbo-a, e retounen jwenn Papa-a nan syèl la, mouton sa yo te touye ya, retounen nan plas legal, chita sou bò dwat Papa-a, sou twòn li nan syèl la.

Menm fason Apot Jan te dekri li: *"Mwen gade ankò, mwen tande vwa yon bann zanj: Yo te tèlman anpil, moun pa-t' kapab konte yo. Yo te kanpe fè wonn kote fòtèy la te ye-a, ansanm ak bèt vivan yo ak granmoun yo. Zanj yo t'ap chante byen fò: Ti Mouton yo te touye-a merite vre pou yo ba l' pouvwa, richès, bon konprann ak fòs, respè, onè ak lwanj.*

Aprè sa, mwen tande tout kreyati Bondye yo nan sièl la, sou latè, anba tè a, nan lanmè, yo tout yo t'ap chante: Lwanj, respè, pouvwa, otorite pou Moun ki chita sou fòtèy la, ak pou ti Mouton an pou tout tan" (Revelasyon 5:11-13).

Yon Jenerasyon Chwazi

Lè Jezi monte nan syèl la, li repran pouvwa, richès, e bon konprann, e tout lòt benediksyon ki nan liv la. E men sa ki pi bon an: tout sa ki pou li pou nou tou. Pawòl Bondye di, *"nou se yon ras Bondye chwazi, yon bann prèt k'ap sèvi Wa a, yon nasyon k'ap viv apa pou Bondye, yon pèp li achte. Li fè tou sa pou n' te ka fè tout moun konnen bèl bagay Bondye te fè yo, Bondye ki rele nou soti nan fènwa a pou nou antre nan bèl limyè li a"* (1 Piè 2:9).

Mo Grèk yo itilize pou "pwoklame glwa" se arete – ki vle di ekselans. Alò, lè Bib la pale de bagay ki merite glwa li, fè nou konnen ke lòm te fèt pou montre pouvwa, bon konprann, richès, onè, e glwa. Li nan jèm nou!

**Lè nou konprann ke Bondye te fè nou
pou nou reprezante richès,
nou p'ap batay avèk santiman ke
Bondye pa vle nou resevwa tout bagay.**

Kouvri Avèk Onè

Kite mwen repete sa: ou se twòn Bondye! Kòmanse nan Ansyen Testaman an, Tou-Pisan an deklare, *"Men nou menm, n'ap vini yon nasyon moun k'ap sèvi m' tankou prèt, yon pèp k'ap viv apa pou mwen. Wi, se sa pou ou di moun Izrayèl yo"* (Egzòd 19:6).

Sa se pou mwen menm avèk ou k'ap swiv Kris. Jezi, ki, *"renmen nou, li bay san li lè li mouri pou l' te ka delivre nou anba peche nou yo. Li fè nou tounen wa ak prèt pou n' sèvi Bondye Papa li. Se pou li tout lwanj ak tout otorite pou tout tan. Amèn"* (Revelasyon 1:5-6).

Li se *"Wa Dè Wa, e Mèt Dè Mèt... ki ban nou tout richès pou nou rejwi"* (1 Timote 6:15-17).

Bondye pat' kreye nou pou
nou reprezante wayòm nan sèlman,
men nou se yon pati enpòtan nan wayòm nan
Li kouwòne nou avèk glwa e dinite.

Akoz sa, se te plan Bondye pou pitit li yo gen yon vi ki onore. Sa vle di, nou viv nan yon fason *"ki montre glwa Bondye"* (Efezyen 1:12).

Bondye fè nou konfyans pou nou mache e manifeste nati divi'n li, pou moun ka adore li fason yo wè nou. Nan kominote Kretyen yo, toujou gen deba sou zafè byen materyèl. "Kisa Kretyen dwe pwosede sou tè-a?"

LI NESESÈ POU GEN BALANS

Nan yon sosyete Kretyèn kote se lajan ki atire moun, gen anpil abi k'ap fèt nan legliz yo, pafwa nou pa byen eskplike sa Bib la di sou bagay sa yo. Men, nan Bib la gen balans. Kesyon nou bezwen poze, "èske Bondye vle pou nou pwosede byen materyèl sou tè-a?"

An nou egzamine yon fwa ankò Jaden kote Bondye te mete lòm abite ya. Se te premye kay ke lòm te genyen sou tè-a, li te gen anpil lò avèk diaman presye (Jenèz 2:10-12).

Se sèten ke se pa Adan kite konstwi Jaden, ni diaman kite ladan l' yo. Tout richès yo, se te provizyon Bondye yo te ye. Yo tout sou tè-a, Bondye Tou-Pisan an te prepare yo pou Adan. Fason ke Ekriti ya di, *"Se Li ki te fè tout bagay; san li menm anyen pa t'ap fèt"* (Jan 1:3).

Erè anpil kretyen komèt jodia, se ke yo bay lemond tout otorite sou tè-a, yo remet tout bagay nan men moun ki p'ap viv nan imaj Bondye yo.

NOU MAL KONPRANN LI

Malgre se te plan Bondye pou lòm te gen richès materyèl, Li te vle wè moun ki sanble avèk li ap gouvène sou tè-a. malerezman, nou pèmèt moun ki pa sanble avèk Bondye yo, pwosede majorite richès ki sou tè-a, pandan ke nou menm ki pitit Bondye, nou pa gen anyen nan men nou.

Nou mal konprann sa Li di-a!

Lè Bondye te kreye lòm, tout bagay ki te sou tè-a te pou bezwen nou. Sonje, *"Se pou Seyè a tè a ye ansanm ak tou sa ki sou li. Se pou Seyè a lemonn antye ansanm ak tou sa k'ap viv ladan l'"* (Sòm 24:1).

MATERYÈL ou ESPIRITYÈL

Lòske plan Papa nou Ki nan syèl la, se te pou lòm, ki fèt nan imaj Bondye, pwosede tout byen ak richès ki sou tè-a, asireman, Bondye pa gen pwoblèm si Kretyen pwosede byen materyèl.

Pa di nan tèt ou "Bondye pa vle pou-m pwosede byen materyèl" pou-w pa pèdi tout bon lavi ou sipoze viv la. Si Bondye pat' vle pou nou pwosede byen materyèl, li pa t'ap bay Adan richès nan Jaden d'Eden. Bondye mete tout bagay sou tè-a pou nou sèvi. Pran plezi nan yo.

Anpil moun chanje verite ya. Paske yo mal konprann ke richès pa janm pi gran pase pouvwa espirityèl la.

**Se pa lò ak lajan
ki fè Adan te sanble ak Bondye
Se nan nati Bondye ki nan Adan an
ki montre ki moun li ye**

Nou vize sou lavi Espirityèl la, pa sou materyèl la. Lè nou fè sa, byen materyèl pa ka mèt nou. Bib la di pou nou pran prekosyon, *"paske renmen lajan se rasin tout bagay ki mal"* (1 Timote 6:10). Pouki konsèy sa? Se paske nou pa sipoze renmen anyen plis pase Bondye Tou-Pisan an.

Lè ou pran verite sa, w'ap sispann kouri dèyè byen materyèl, se byen materyèl k'ap kòmanse kouri dèyè-w – pou-w ka ogmante Wayòm nan, pou yon lavi beni, e pou-w ka nan pozisyon pou-w beni lòt yo.

Sa se pwen santral la, se pou rezon sa, Bondye te bay Adan byen materyèl depi nan kòmansman an. Li te sipoze kòmanse grandi, devlope jaden an, epi tounen tè-a tankou yon kote ki gen onè, glwa, manifisans, e bote. Pouke sa ka fèt, Bondye, te bezwen beni li, epi ba li pouvwa, anplis LIi fè tout provizyon nesesè pou travay sa te ka fèt.

POUKI REZON?

Jodia, toujou se plan Bondye pou nou genyen meyè lavi, ke yon moun ka genyen sou tè-a. Men, se pa pou nou ka ranmase pou plezi pwòp tèt nou. Plan an, se pou nou pran tout pwovizyon yo, epi pou nou bati wayòm Bondye ya, tout kote nou pase. Se pou rezon sa, nou bezwen richès ke se li menm sèl ka bay. Nou sipoze bati kominote, repare katye yo, bati kay, kòmanse kòmès, reveye nasyon yo, epi efase pwovrete.

Nenpòt sa nou fè, nou bezwen mennen Nati Abondant Bondye-a nan lavi lèzòm.

Pawòl Jezi yo gen rapò jodia, menm jan avèk lè li te di yo: *"chak fwa nou te fè sa, pou yonn nan pi piti pami frè m' yo, se pou mwen nou te fè li"* (Matye 25:40).

VOYAJE POU BON TÈ-A

Bondye sitèlman vle beni-w, pou-w ka montre glwa Bondye tout kote-w pase – pou-w ka pran richès ki nan syèl la, e sèvi avèk yo pou-w pran tout tè-a pou Bondye. Se fason sa, vrè lapè avèk prosperite ka vin sou tè-a. Mwen kwè ke Mond lan fatige avèk sistèm ekonomik lan, k'ap sèvi kounyeya ki kraze brize, epi ki kite milyon moun ap viv nan mizè.

Nou bezwen yon sistèm ekonomi divin, nou bezwen pou byen materyèl yo soti nan men moun ki pa moun Bondye yo. Nou bezwen pou tout richès ki sou tè-a vin nan men Kretyen yo. Se menm bagay Bondye te fè, lè pèp Izrayèl t'ap soti nan peyi Ejip, Izrayèl te kite peyi Ejip avèk anpil richès.

Non sèlman Bondye te fè yo soti Ejip rich, li t'ap mennen yo *"yon peyi kote ki gen ble, lòj, rezen, pye fig frans, grenad, oliv ak siwo myèl, yon peyi kote nou p'ap janm manke manje, kote nou va jwenn tou sa nou vle. Plen fè nan mitan wòch li yo. N'a jwenn kwiv nan mòn li yo. Men, lè n'a fin manje plen vant nou, n'a fè lwanj Seyè a, Bondye nou an, pou bon peyi li te ban nou an"* (Deteronòm 8:7-10).

TOUT BAGAY DEJA ARANJE

Bib la note, ke kote pèp Izrayèl t'ap ale ya, li te preske tankou kote Bondye te prepare pou Adan nan Jaden Eden: *"Seyè a pral kenbe pwomès li te fè Abraram, Izarak ak Jakòb, zansèt nou yo, li pral fè nou antre nan peyi li te fè sèman l'ap ban nou an. Se yon peyi kote n'a jwenn gwo bèl lavil nou pa t' bati, kote n'a jwenn kay plen bon bagay san se pa nou menm ki te mete yo la, avèk pi byen fon nou pa t' fouye, avèk jaden rezen ak jaden oliv nou pa t' plante. Lè sa a, lè n'a fin manje plen vant nou"* (Deteronòm 6:10-11).

Bondye t'ap pale avèk yo, "m'ap retire nou nan esklavaj e l'ap mennen yo nan tè promiz la, kote tout bagay te prepare pou yo, pou yo viv fason Bondye te vle pou yo viv la."

Bondye gen yon demand nan Deteronòm 8:

Veye kò nou pou nou pa janm bliye Seyè a, Bondye nou an, pou nou pa janm neglije kòmandman, lòd ak prensip m'ap ban nou jòdi a. Lè n'a fin manje plen vant nou, lè n'a fin bati bèl kay pou nou rete, lè n'a wè bèf nou yo, kabrit nou yo ak mouton nou yo ap peple, lè n'a wè n'a gen lò ak ajan an kantite, lè n'a wè tout byen nou yo ap vin pi plis chak jou, pa kite lògèy vire tèt nou pou nou bliye Seyè a, Bondye nou an, ki te fè nou soti kite peyi Lejip kote yo te fè nou tounen esklav la.

Se li menm ki te pran men nou pou fè nou travèse gwo dezè plen danje a, kote ki gen eskòpyon ak sèpan ki gen move pwazon nan bouch yo, kote moun ap mouri swaf dlo paske pa gen dlo la menm. Men, se li menm ki te fè dlo soti nan gwo wòch di a pou nou. Nan dezè a se li menm ki te ban nou manje laman, yon kalite manje zansèt nou yo pa t' janm konnen. Li kraze lògèy nou, li sonde nou pou nou te ka gen kè kontan pi devan. Pa janm mete nan tèt nou se kouraj nou ak fòs ponyèt nou ki fè nou gen tout richès sa yo (11-17).

Bondye fè yo sonje ke sa yo wè jodia, se menm bagay ki te la milyon ane pase: *"Chonje se Seyè a, Bondye nou an, ki te ban nou kouraj sa a. Se li menm ki te fè nou rive gen tout richès sa yo, paske li te kenbe kontra li te pase ak zansèt nou yo, epi l'ap kenbe l' jouk jòdi a."*(18)

YON MANTALITE POU-W PWOSPERE

Kèl bèl plan Bondye genyen pou moun ki asepte Pitit Li a. Li ba ou nati Li, epi resous pou-w viv lavi Li te vle pou-w viv depi avan an. Anplis, Li ban nou ase pou nou pataje avèk lòt moun.

**M'ap priye pou-w ka gen jwa nan kè-w
Paske-w dekouvri ke Kris vle pou-w viv
Yon lavi nan abondans, avèk glwa e onè.**

Nou se wa e rènn Bondye, e nou te sipoze mache e viv, avèk pi bèl bagay ke syèl la ka okri nou. Nou bezwen panse de richès nan tèt nou avan pou nou pwosede richès. Se pou rezon sa Bib la di, *"mwen swete tout bagay ap mache byen pou ou. Mwen swete ou an sante nan kò ou tankou ou an sante nan lespri ou"* (3 jan 1:2).

Pou-w fè pawòl la gen lavi, lide lavi an abondans lan sipoze nan tèt ou, nan lespri ou, e nan kè ou, avan pou-w wè l' manifeste nan lavi ou. Sa enpòtan anpil, paske si nou gen richès e siksè ansanm avèk lavi Espirityèl la, nou p'ap vin konwonpi oubyen sèvi avèk richès yo pou-n' fè sa ki mal.

Pito, nou pral sèvi avèk yon bon konprann, ke richès yo, nou resevwa yo pou nou ka pouse Levanjil la, pou

Wayòm Bondye-a ka kontinye ap travay sou tè-a. Se pou rezon sa Bondye te kreye nou.

Konyeya, pran pozisyon-w. Deklare dwa Bondye ba-ou an, pran pwovizyon, epi benediksyon. Mache avèk tèt ou anlè, avèk dinite, se Wa-Dè-Wa a ki ba ou yo.

Yon Eritaj Wayal

Si dinyite nan nati-w, se sèten ekselans nan Jèm ou – e ou gen yon angajman pou-w toujou meyè, fè tout bagay byen, e kontinye ap vanse pou pi devan.

Ou pa pwosede kalite sa yo, pou-w ka fè lwaj nan mond lan, men se pou-w ka reprezante divinite selès la.

**Gen kèk ki dekri imilite tankou
panse mwens de tèt ou,
"men se pa vrè repons lan Imilite
se lè-w pa panse de tèt
ou twòp, Epi panse plis de lòt
moun ou pa panse ou piti**

Anpil moun ki pa gen ase pou viv, yo idantifye tèt yo tankou yon moun ki pòv. Men idantite-w pa sipoze mache avèk sa ou pwosede, panse de ki moun ou ye nan Bondye. Li enpòtan pou-w konprann ou se pitit Bondye, avan pou-w ka benefisye tou benefis Pitit Bondye yo benefisye. Lè-w konnen eritaj selès la, w'ap mache nan yon fason ki pwouve ou ka fè tout bagay byen.

Yon Refleksyon premye klas

Bondye plante pi bon kalite nan ou, pou-w ka sèvi avèk talan-w yo e metye-w yo pou-w travay pou glwa Bondye. E w'ap trete byen materyèl yo, menm fason an.

Pou ekzanp, ou kapab pa ka achete yon bèl machin, men machin ou pwosede ya, li sipoze bèl, li sipoze parèt pi bèl nan kominote-a. Petèt ou pa posede yon chato, men kay ou abite-a, sipoze pwòp, li sipoze gen bèl aparans.

Chak jou ou leve, lè ou parèt nan travay la, ou sipoze parèt bèl – nan fason ou abiye, nan fason ou konpòte-w, nan fason ou aji. Tankou pitit Bondye, nou pa sipoze ap mache tankou payaya, moun ki dekouraje ak lavi, e fè yon ti kras sèlman.

Fè yon konvèsasyon serye avèk tèt ou E asire ke. "Ekselans se nan nati-w!"

Ou Kouwòne ak Glwa

Si nou vrèman montre mond lan, ki moun Bondye ye, nan fason nou aji avèk moun, e fason nou sèvi, moun ap kòmanse chanje, repanti, e konprann, ke lavi Kretyèn Nan vle di, viv mèyè fason moun ka viv, e pwosede pi bon kalite, paske se kalite lavi sa-a, Bondye vle nou genyen.

Se vre, ou se yon prèt wayal, *"lè gran gadò a va parèt, n'a resevwa yon kouwòn ki p'ap janm fennen: n'a resevwa lwanj Bondye"* (I Piè 5:4).

Si ou di ak bouch ou ou se Kretyen, ou gen yon obligasyon pou-w reprezante fanmi Bondye-a sou tè-a. Ou dwe Bondye sa pou-w montre moun ki bò kote-w yo, kòman vrè pitit Wa-Dè-Wa sanble.

Kite-m ankourage-w, pou-w fè efò, pou depi jodia fason ou aji, dwe nan lespri e nan yon fason ki reprezante Bondye, paske se pati nan nati Bondye ba ou a.

PARTI TWA

DOMINYON

CHAPIT 7

LATÈ RESTORE

Nan de premye pati nan liv la, nou egzamine Divinite e Dinite nan lavi Espirityèl nou. Sa mennen nou nan twazyèm pati enpòtan an, Dominyon.

Nan baz Ekriti nou yo, nan Liv Sòm, David deklare, *"Ou mete [Lòm] pou yo donmine sou tou sa ou fè, ou mete tout bagay anba pye yo"* (Sòm 8:6).

Bondye pa sèlman rele lòm pou nou domine, se te pou rezon sa-a menm nou te fèt. Vèsè-a di, ke Kreyatè-a fè Adan avèk otorite. Se te yonn nan plan Bondye pou lavi lòm, pou yo te domine sou tout bagay – Bondye konstwi nou, e bati nou avèk plan sa yo nan tèt li.

Kòm konsekans, se te nati Adan pou li te jere tè-a.

NOU FÈT POU-N' DIRIJE DYAB LA

Lòm pa fonksyone byen, lè yo ap viv pi ba pase plan Bondye te genyen nan tèt li pou yo. Poukisa? Paske nou te fèt pou nou te gouvène, mete lòd, e dirije. Alò, nou p'ap fonksyone avèk tout kapasite lè nou santi gen sikonstans oubyen moun ki vle kontwole nou.

Se pou rezon sa, Bib la di, *"Seyè a va mete nou devan, nou p'ap janm dèyè. N'a toujou anwo, nou p'ap janm anba, depi nou swiv tout lòd Seyè a, Bondye nou an, depi nou fè tou sa mwen mande nou fè jòdi a"* (Deteronòm 28:13).

Bondye pat' kreye lòm, pou okenn lòt moun te dirije nou. Bondye te di Adan, ke li mete tout bagay anba pye l', paske li te gen jèm Bondye-a sou li. Sonje byen ke Èv pat' anba pye Adan.

YON WAYÒM UNI

Li enpòtan pou nou sonje sa, lè Adan te resevwa lòd, pou li dirije, epi jere. Ni syèl la ni tè-a, te anba pouvwa e otorite Bondye. Men konyeya, Kreyatè-a t'ap remèt tè-a bay Adan pou li te ka jere l'.

Plan Papa-a, se pou Adan te ka pran reponsablite l' sou tè-a, serye. Li te vle, pou te gen inyon sou tè-a avèk syèl la. Papa-a t'ap domine nan syèl la, Adan t'ap domine sou tè-a. Yo te sipoze ap travay ansanm. Sonje sa Bib la di, *"pou yo fè volonte ou sou latè, tankou yo fè l' nan syèl la"* (Matye 6:10).

Sa te plan Bondye – papa-a
Pou Li dirije nan syèl la,
Pou Adan te dirije sou tè-a
Pou te gen yon wayòm tou de kote

Men aprè Adan te peche, non sèlman li te pèdi nanm li, akòz dezobeyisans lòm, Bondye te pèdi Wayòm li sou tè-a. Alò lè Adan te tonbe, tè-a te tonbe ansanm avèk li.

San Kontwòl

Nan yon tou vid, pat' gen moun k'ap dirije, pat' gen chèf, Lucifè vin anchaj, e li te kòmanse pran kontwòl sou tè-a akoz dezobeyisans lòm. Dyab la, sèvi avèk inikite Adan-an, pou li pran avantaj, pou li anvayi, e etabli wayòm li sou tè-a.

Sonje sa, Lucifè te toujou vle pou l' te chèf; se pou rezon sa-a menm Bondye te jete l' sou tè-a.

Plan dyab la
se pou li pa Anba otorite pèsòn moun.

Lè Adan tonbe nan tantasyon, Satan te celebre! Moun ki te chèf sou li-an, te pèdi plas li nan Jaden Eden e konyeya mechan-an te chèf ankò – pat' gen pèsòn sou tèt li sou tè-a.

Touswit, Lucifè te kòmanse etabli gouvènman li sou tè-a, lwa li, panse li, sistèm li te vle. Avan lontan, tout latè te pèdi kontwòl. Bondye te pèdi tè-a.

Bagay Yo Te Prè Pou Yo Chanje

Yon pwofesi di – jèm fanm lan pral kraze tèt sèpan an (Jenèz 3:15).

Deklarasyon sa, anonse desandans moun ki pral vin pran wayòm nan, nan men satan, se Jezi.

Lucifè te gen pouvwa pou li gouvène nan yon nivo sou tè-a, e Bondye pat' sèvi avèk pouvwa li sou tè-a nan moman sa yo; paske, li te pèdi moun Li te bay pouvwa pou gouvène an. Men, lè Jezi te vini, tout bagay chanje.

Ezayi bay yon gwo pwofesi: Bondye ban nou yon gason. Se li menm ki pral chèf nou. Y'a rele l': Bon konseye k'ap fè bèl bagay la, Bondye ki gen tout pouvwa a, Papa ki la pou tout tan an, Wa k'ap bay kè poze a! *"Gouvènman li p'ap gen finisman. Nan peyi l'ap gouvènen an se va kè poze san rete. L'ap chita sou fotèy wa David la. L'ap gouvènen peyi wa David la. L'ap fè gouvènman an byen chita, l'ap ba li bon pye paske l'ap fè sa ki dwat. Li p'ap nan patipri, depi koulye a jouk sa kaba. Se Seyè ki gen tout pouvwa a ki soti pou fè tou sa rive vre!"* (Ezayi 9:6-7).

Sa pale de gouvènman Bondye-a retounen sou tè a – gouvènman ki nan syèl la, ap vin ankò nan mond lan. Wa-De-Pè-a ap vini, non sèlman ak plis otorite, men p'ap gen lafen.

Sa fè nou konprann, Bondye non sèlman ap mennen Wayòm li bay lòm, men anplis, l'ap laji e simen pouvwa li sou tout latè ankò. Sa se yon bèl pwofesi!

Dènye Adan an

Mèt yo te pwomèt nou an, te desann soti nan syèl la, nan fòm yon timoun sakre, ke zanj yo anonse, plante nan vant yon fanm vyèj.

Lè Jezi te grandi pou li vin yon jèn gason, li pran pozisyon li, pou li akonpli misyon-an, Li deklare, *"Tounen vin jwenn Bondye. Paske, wayòm Bondye-a prè."* (Matye 4:17).

Li t'ap anonse ke wayòm Bondye te vini ankò sou tè-a, pou domine. Se Bondye menm, k'ap gouvène sou tè-a.

Sa te posib sèlman
Paske Bondye twouve yon moun Pou li sèvi avèk li, pou li gouvène, se Piti li-a Jezi Kris.

Se pou rezon sa yo rele Jezi "Dènye Adan" (I Cor 15:45).

Apot Pòl ban nou yon konparezon de premye e dènye Adan an Nan Women chapit 5:

Se poutèt yon sèl moun peche antre sou latè. Peche a louvri pòt pou lanmò. Se konsa lanmò vin pou tout moun, paske tout moun fè peche. Peche te deja sou latè lontan anvan Lalwa Moyiz la. Men, paske pa t' gen lalwa, Bondye te fèmen je l' sou peche. Men, soti nan tan Adan rive nan tan Moyiz, lanmò te donminen sou tout moun, malgre yo pa t' fè peche tankou Adan ki te dezobeyi Bondye. Adan, se te pòtre moun ki te gen pou vini an. Men, peche Adan an pa menm bagay ak kado Bondye bay pou gremesi a. Se fòt yon sèl moun ki lakòz yon bann lòt moun mouri. Men, favè Bondye a gen plis pouvwa toujou. Gremesi yon sèl moun, Jezikri, Bondye bay anpil moun yon kado ki pi gwo toujou.

Gen yon lòt diferans ankò ant kado Bondye a ak konsekans peche Adan an. Apre yon sèl moun te fin peche, lè yo jije moun, yo tout tonbe anba kondannasyon. Men, apre tout kantite peche moun fè, Bondye fè yo yon favè, li fè yo gras. Se vre wi. Poutèt peche yon sèl moun, lanmò te donminen akòz li menm sèlman. Men, gremesi yon sèl moun tou, Jezikri, nou jwenn plis toujou: tout moun ki resevwa favè Bondye a an kantite, tout moun ki resevwa kado Bondye a lè li fè yo gras, yo gen pou yo viv, pou yo donminen akòz Kris la. Se sak fè menm jan fòt yon sèl moun lakòz tout moun kondannen, konsa tou gremesi yon sèl moun ki mache dwat devan Bondye, tout moun delivre anba jijman kondannasyon, yo jwenn lavi.

Si dezobeyisans yon sèl moun lakòz yon foul moun fè peche, konsa tou obeyisans yon sèl moun lakòz Bondye va fè anpil moun gras. Lalwa antre nan koze a pou fè moun peche plis toujou. Men, kote moun fè plis peche a, se la favè Bondye a vide pi rèd sou yo. Se sak fè, menm jan peche a te bay lanmò lè l' te donminen sou nou, konsa tou lè se favè Bondye a ki donminen sou nou, li fè moun gras, li ba yo lavi ki pa janm fini an, gremesi Jezikri, Seyè nou an.(vèsè 12-21).

YON WAYÒM TOUNÈF

Jezi Retounen vin mete lòm nan plas yo ankò, e nan pozisyon Bondye te ba yo depi nan kòmansman an, avan chit la. Sa ki pi enpòtan toujou, lòm vin anba pouvwa Bondye ankò, Wayòm Bondye-a retounen kote yo ankò.

Pitit Bondye-a desann sou tè-a, avèk yon lòd li resevwa nan syèl la, pou li kòmande maladi, move lespri, van k'ap soufle, vag lanmè, e tout lòt bagay ankò, pou yo obeyi li.

Li mennen dominyon total tounen sou tè-a
E toupatou kote li pase li gen pouvwa

Se pat' plan Jezi pou li te fonksyon konsa, paske mond lan se te pou Adan li te ye. Men akoz Adan te peche, Bondye te oblije voye Pitit Li, pou Li vin prann wayòm an ankò – pou bay lòm pouvwa ankò, atravè Jezi.

SE LÈ PA NOU
POU NOU GOUVÈNE SOU DYAB LA

Pouvwa pou nou gouvene an, nou te resevwa li nan men Jezi, li te transfere li ban nou, avan li te monte nan syèl la, Jèm Divi`n li ban nou, nou resevwa li, lè nou sove, e li ap travay nan nou.

Kris la deklare: *"Mwen resevwa tout pouvwa nan syèl la ak sou tè a. Ale fè disip pou mwen nan tout nasyon, batize yo nan non Papa a, Pitit la ak Sentespri a. Moutre yo pou yo obsève tou sa mwen te ban nou lòd fè. Chonje sa byen: mwen la avèk nou toulejou, jouk sa kaba"* (Matye 28:18-20).

Ki mesaj disip yo te sipoze bay? Jezi te di, *"bay bon nouvèl Peyi kote Bondye Wa a toupatou sou latè, pou tout moun ka tande mesaj la. Se lè sa a atò lafen an va rive"* (Matye 24:14).

Se yon mesaj Wayòm nan. Jezi t'ap di nou, Mwen remèt pouvwa, otorite, e gouvènman an nan men nou sou tè-a, e mwen ban nou pouvwa pou nou sèvi avèk li, e dirije men jan Adan te fè. Ou gen menm dwa-a."

"NAN NOM MWEN"

Jezi t'ap kite tè sa, men li di pou nou kontinye travay nan non Li. Yonn nan dènye pawòl li te di avan Li te retounen al jwenn Papa-a, se nan Mak Chapit 16 la, Li di:

Moun ki kwè va fè anpil mirak; y'a chase move lespri nan non mwen, y'a pale lòt lang. Yo ta mèt kenbe sèpan, yo ta mèt bwè pwazon, anyen p'ap rive yo. y'a mete men sou tèt moun malad, moun malad yo va geri.

Jezi t'ap kòmande nou, *"pou nou ale avèk otorite, pouvwa, tankou chèf. Mennen mond lan retounen nan lòd e kòmande tout bagay ki antoure-w, pou yo vin anba pouvwa Bondye."*

Sa se yon manda nou pa dwe pran lejè. Travay pa nou nan manda sa vin yon reyalite. Espesyalman, kisa Bondye mande oumenm e mwen menm pou nou fè?

Se de sa n'ap pale nan dènye chapit la.

CHAPIT 8

OTORITE POU-W DOMINE

Sèvèl lòm gen difikilte pou li kwè, ke Bondye ban nou menm pouvwa ak manda pou nou fè travay li sou tè-a, ke Jezi te konn fè, lè Li te sou tè-a. Men sa se vre.

Non sèlman li di nou gen otorite nan mond lan, men nan syèl la tou: Jezi deklare, *"M'ap ba ou kle Peyi Wa ki nan syèl la. Tou sa ou va defann moun fè sou tè-a, yo p'ap kapab fè l' nan syèl la, non plis. Tou sa ou va pèmèt moun fè sou tè-a, y'a kapab fè l' nan syèl la tou"* (Matye 16:19).

Sa se Dominyon!

Sevre, Jezi te vin sou tè-a, pou Li pran Wayòn nan, men aprè sa, Li bay legliz la kle-a– ansanm avèk ou – e li te di: "Ale! Lage! Mare! Pase lòd! Arete! Etabli! Sa ou deklare ki pou fèt ap fèt! Sa ou di pa sipoze fèt, p'ap ka fèt.

Li mete Legliz la nan yon lòt pozisyon e tout moun ki kwè yo, pou yo gouvène nan non Li, *"lanmò p'ap kapab fè-w' anyen"* (Matye 16:18).

**Sa se devwa kò Kris la
Pou pran otorite Bondye ba nou
E pou nou ale nan mond lan
E mennen wayòm Bondye-a retounen**

Lè nou ap pale de mond lan oubyen lemond, kisa nou vle di nan sa. Nou pa sèlman pale de moun ki poko kònvèti, men n'ap pale de tout sistèm k'ap travay sou tè-a – fason yo aranje, e fason yo sèvi, moun k'ap travay ladan yo.

REPRANN "SISTÈM"

Lè Bondye te di, pou nou ale toupatou sou tè-a, sa te vle di toupatou. Tout sistèm k'ap konfsyone Yo:

- Sistèm politik ak gouvènman yo,
- Sistèm Edikasyon, ki antrenen moun sa pou yo kwè
- Sistèm Medikal, avèk kapasite pou li afekte lavi moun
- LaSyans, teknologi-an,
- Desen, distraksyon, amuzman.

Petèt ou di, "èske bagay sa yo se pa bagay natirèl yo ye?"

Wi, se sa menm yo ye, men akoz yo te vini aprè Adan te chite ya, Lucifè fè anpil efè sou yo. Se pousa, Bib la di nou, *lè Jezi te tante nan dezè-a, Satan mennen [Li] sou yon mòn ki byen wo. Li montre l' tout peyi ki sou latè ansanm ak tout riches yo. Li di l' konsa: M'ap ba ou tout bagay sa yo, si ou mete-w ajenou devan m' pou-w adore m'"* (Matye 4:8-9).

Nan Liv la, nou wè ke Satan te gen pouvwa sou tè-a, pou li etabli wayòm li, sistèm li, e gouvènman li.

**Satan se frekan pou di Jezi,
"Si ou desann ou devan-m', m'ap ba ou
tou richès ki nan wayòm nan**

Ki repons Mèt la te ba li? Li di li, *"Wete kò ou sou mwen, Satan. Paske, men sa ki ekri: Se Mèt la, Bondye ou, pou ou adore, se li menm sèl pou ou sèvi"* (Matye 6:10).

ALE NAN TOUT ESFÈ

Jezi pat' oblije adore Satan pou Li gen pouvwa, paske li te konnen ke nan twa ane e demi, Li te genyen pou li monte sou kwa-a, e leve soti vivan nan lanmò, avèk menm nati divin Bondye genyen an.

Li konnen Li t'ap pran kle otorite-a nan men ènmi an ankò, epi re-etabli Wayòm Bondye-a sou tè-a.

Jodia, devwa-a se pou nou li ye: pou nou ale nan tou kote nan mond lan e retounen lòd, disiplin, e dirije. *"Pouvwa pou gouvènen sou latè a, koulye a se nan men Mèt nou an ak nan men Kris li a sa ye. L'ap gouvènen pou tout tan"* (Revelasyon 11:15).

Tout sa se volonte Bondye, ki plante nan lavi tout moun ki fèt yon dezyèm fwa – pou sèvi Papa-a, pou domine sou tè-a.

Kite-m' fè-w sonje sa *"Gouvènman li p'ap gen finisman. Nan peyi l'ap gouvènen an se va kè poze san rete"* (Ezayi 9:7). Sa vle di devwa legliz la se pou li grandi, ogmante, devlepo Wayòm lan.

Bondye pwomèt l'ap ede nou. Li deklare, *"si pèp ki pote non m' lan lapriyè nan pye m', si yo soumèt devan mwen, si yo pran chache m' ankò, si yo vire do bay vye peche yo t'ap fè yo, m'ap tande yo nan syèl kote m' ye a, m'ap padonnen peche yo, m'ap fè peyi a kanpe ankò"* (2 Istwa 7:14).

PRAN LI AVÈK FÒS

Èske nou p'ap jwenn moun k'ap opoze nou? Byensi. Lè Jezi t'ap ranpli misyon li, li te jwen moun ki te ba Li defi, moun ki te vle fè konbat avèk li, e moun ki te menase li, ni moun nan legliz yo, ni moun nan gouvènman yo, e sa ekri, "Jezi fè yo repwòch, paske yo pa t' tounen vin jwenn Bondye" (Matye 11:20).

Nou pitit Bondye, nou pa la pou nou fè moun k'ap kritike nou yo kontan, ni nou pa nan patizan moun k'ap kritike, nou isit la, pou nou reprann pozisyon nou.

Bib la di, *"Depi sou tan Jan Batis jouk jòdi a, Peyi Wa ki nan syèl la anba gwo goumen. Se moun ki konn goumen k'ap antre ladan l'"* (Matye 11:12).

Nou fèt pou nou gouvène Wayòm Bondye-a, nou alamòd, e nou gen zouti andedan nou pou sa. Kle pou nou ogmante wayòm nan se pou nou twouve yon domèn ke nou ka gouvène epi gouvène li.

Lè-w finn jwenn plas pou-w domine-an, pa janm bliye advèsè-a, pa janm bliye pisans li genyen an. "Paske, se pa ak moun nou gen pou nou goumen. Men, se ak move lespri, prensip, ak chèf, ak pouvwa, ak otorite k'ap gouvène nan fènwa ki sou latè a" (Efezyen 6:12).

PI GWO BATAY LA

Ènmi-an pa vle pou-w gen yon tikras pouvwa, li pa vle pou-w dirije okenn kote. Men, nou konnen deja, ke li te gentan pèdi pouvwa, men lagè-a asosye avèk sistèm k'ap travay nan mond lan. Nou sipoze antre nan yo, epi pran Wayòm Bondye yo, mete so Bondye sou tout kote-w domine. Sa se plan Bondye-a.

Se pwoblèm nou sa, paske "tou sa ki sou tè-a anba pouvwa Satan" (1 Jan 5:19).

Travay nou se pou nou
Reòganize Kilti ak sosyete yo
Mennen nouvo sistèm gouvènman,
Dirije yo nan nouvo fason
Pou yo ka sèvi fason Kris panse

Panse Wayal e mesaj la dwe preche – "Se lè sa a atò lafen an va rive" (Matye 24:14).

Devwa nou legliz la, nou gen lòd pou nou pran manda, dominyon an, nan tou kat kwen latè, e pwoklame jouk nou wè yon gwo chanjman fèt nan tout sistèm k'ap opere yo. Kòm Konsekans, moun ki t'ap viv anba lòd Lucifè yo, ap kòmanse chanje, e y'ap adopte nouvo sistèm Bondye-a, pou nou ka avanse rèy Bondye ya, nan tout kote nou pase sou tè-a.

Sa se premye batay Kretyen yo, paske nou ap batay kont yon sistèm gouvènman, edikasyon, syans ki toujou gen diskisyon avèk volonte Bondye.

Alò nou oblije avanse Wayòm Bondye-a avèk fòs. Nou sipoze pran tè-a nan non Jezi.

KISA BONDYE RELE-W POU-W FÈ?

Pou nou konprann poukisa Bondye rele-n', nou bezwen konprann ke gen wòl espesyal epi grad espesyal pou nou chak.

Lè-w ap fonksyone nan wayòm espirityèl la, nou konnen ke nou gen don, kado, e otorite pou nou preche levanjil – chanje kilti ki nan mond lan, ranplase yo avèk kilti Kris la.

Sepandan, se pa tout moun Bondye rele pou yo preche. Se pa tout moun ki te fèt avèk yon kado pou yo preche levanjil.

Petèt Bondye te fè-w pou-w yon muzisyen. Si sesa, se devwa-w, pou-w al aprann jwe muzik, pou-w ka pataje avèk mond lan, pou-w ka fè mond lan konprann Bondye atravè muzik w'ap jwe.

Se menm bagay pou yon moun ki konn fè komès, oubyen pou yon moun k'ap travay nan lopital. Talan ou yo, avèk don ou yo, se pou-w ka akonpli plan Divin ou an, e ou pa sipoze inyowe li.

Si-w se yon Kretyen ki nan zafè politik, ou pa bezwen won't pou-w pale de relijyon-w. Bondye chwazi-w, pou-w mennen chanjman espirityèl, avèk moralite nan gouvènman an.

**Obligasyon legliz la se pou li leve
Avèk jèm Divin nan pou li fikse legliz la
Kò Kris la pou yo antre nan tout domèn
Kote Bondye rele yo pou yo dirije**

Nou dwe sèvi avèk otorite e pouvwa Bondye pou nou dirije.

CHANJMAN NAN JENERASYON YO

Pawòl Jezi te di yo toujou vrè. Ou resevwa vle rayòm Bondye ki nan syèl la – e sa kòmanse lakay ou. Kle pou jenerasyon moun nan fanmi-w yo, se nan men-w yo ye. Menm jan ak Wa David, gen yon moun nan fanmi-w

Bondye mete apa, pou li transpòte mesaj wayòm ak gouvènman Bondye-a bay pitit ou yo, avèk pitit pitit ou yo, k'ap fèt nan jenerasyon sa. Mwen souvan di ke, Bondye chwazi yon moun nan fanmi-w, pou Li mete l' apa, pou l' ka drese, oubyen fè dwat, tout bagay ki krochi nan branch fanmi-w la!

Se volonte Bondye
pou li fè leve, Wen, e chwazi
moun ki sousye de zafè Bondye,
pou ba yo manda, e otorite
pou yo chanje jenerasyon yo

Anplis, gen moun Bondye mete apa nan kèk peyi espesyal, pou ale nan vil yo, nan site yo, e nan nasyon yo, pou jere chanjman k'ap fèt nan tan sa, pou wayòm Bondye-a.

E answit gen moun ki gen otorite espirityèl, Bondye mete apa kòm apot. Lè yo pale, tout bagay nan syèl la kòmanse deplase, paske se Bondye Tou-Pisan an ki chwazi moun sa. M'ap priye pou-w twouve domèn ke Bondye vle pou-w dirije, gouvène, e chèf la – e pou-w ka kòmanse fè travay ou, mennen tout bagay anba otorite-w.

Lè Bondye di l'ap mete tout bagay anba pye-w (Sòm 8:6). Se tout bagay, ni sistèm nan mond lan. Donk, tout kote nou mete pye nou, nou kontwòl yo. Se nou k'ap domine toupatou. Pa gen anyen ki bouje, tout otan nou pa bouje!

Mwen tande moun di, "Ebyen, si Bondye te ban mwen pouvwa, poukisa sikonstans yo pa chanje nan lavi-m? Poukisa Bondye pa ban mwen benediksyon?

Zanmi-m, se pa volonte Bondye pou li mete-w dirijan, ou te fèt pou-w chèf. Nan ka sa, nenpòt kote Bondye rele-w pou-w ale, oubyen nenpòt bagay Bondye rele-w pou-w fè, soti avèk lafwa. Tout bagay ap soumèt devan-w.

Toupisan-an di Jozye, *"Pare kò ou, ou menm ansanm ak tout pèp Izrayèl la. Nou pral janbe lòt bò larivyè Jouden an pou nou ka antre nan peyi m'ap ban nou an. Jan mwen te di Moyiz la, mwen pral ban nou tout peyi kote nou pral mete pye nou an"* (Jozye 1:2-3).

Pa fè erè pou-w panse ou ka ale nenpòt kote ou vle. Non, se Bondye k'ap ba ou direksyon. Bib la di, *"Seyè-a pran men lèzòm, li mete yo nan bon chemen. Li kontan wè yo mache dwat"* (Sòm 37:23).

Sa enteresan, sa fè nou konprann ke lè Bondye rele yon moun mache, l'ap toujou dirije nou nan chemen ki dwat. Leve pye-w! Se nan nati Bondye, pou li mennen nou de lafwa a lafwa, de glwa a glwa, nan domèn kote nou pat' janm ale deja.

KÒMANSE MACHE

Sa nan nati papa-a, pou li mennen nou nan lafwa a lafwa, de glwa a glwa, nan rèy ki piwo pase kote nou te ka rive avan.

Sa fè-m' vle fè bwi!

Jodia se tan pa-w pou leve!

Mwen konnen w'ap bezwen lafwa, kouraj, fòs, e aksyon. Nan dènye tan sa, jenerasyon sa, Bondye ap chèche moun ki ka leve pye yo byen wo, sa yo ki vle pran devan e pran Wayòm Dyab la. L'ap chèche moun ki prè pou yo monte kote y'ap ekri lalwa, kote y'ap fè remèd, e tout kote y'ap fè komès nan sosyete-a, e pran yo pou Bondye.

Ou p'ap ka pran okenn teren, si-w kanpe yon sèl plas. Dèske se Senyè-a k'ap dirije kote-w mete pye-w, anba otorite li, gouvènman li an, ap ede-w nan tout desizyon ou pran.

ANTRE NAN DESTEN OU

Jodia, se kou pa-w. Bondye ba ou divinite, dinyite, e dominion, pou plan li ka akonpli sou tè-a. Fè priyè sa, di, "Senyè, mwen aksepte apèl ou, pou-m ale nan mond lan, e pataje mesaj Kris la."

Kòmanse rejwi! Paske ou pral rantre nan desten-w – se pou rezon sa ou te fèt, sa se jèm Divi`n nan.

POU PLIS ENFÒMASYON
RELE OUBYEN EKRI NOU:

TAAPA BOOK CLUB
PO BOX 6244
DELRAY BEACH, FL 33482

TELEPHONE: (561)305-4177

EMAIL ADDRESS:
MEHAITICHERI@YAHOO.COM
VIV@TAAPA.COM

WÈB ADDRESSS:
HTTP://WWW.TAAPA.COM